家計消費の実証分析

家計消費の実証分析

林　由子著

信山社

目　次

序　章
　　［1］　本書の目的 …………………………………………… *1*
　　［2］　本書の構成 …………………………………………… *1*

第1章　消費関数の成立 ………………………………………… *5*
　　［1］　ケインズの消費関数 ……………………………… *6*
　　　［1.1］　ケインズの消費関数 ……………………… *6*
　　　［1.2］　ケインズの消費関数への懐疑 ………… *9*
　　［2］　消費関数論争 ……………………………………… *10*
　　　［2.1］　恒常所得仮説 ……………………………… *10*
　　　［2.2］　日本における恒常所得仮説の検証 ……… *18*

第2章　マーティンゲール仮説 ……………………………… *25*
　　［1］　マーティンゲール仮説 ………………………… *26*
　　［2］　マーティンゲール仮説の検定 ……………… *29*
　　　［2.1］　直交性の検定 …………………………… *29*
　　　［2.2］　excess sensitivity ………………………… *30*
　　　［2.3］　excess smoothness ……………………… *32*
　　　［2.4］　共和分検定 ……………………………… *33*
　　補論　系列相関 ……………………………………… *36*

第3章　利子率の消費の経路への影響 …………………… *43*
　　［1］　期待効用仮説における消費と利子率 ……… *44*
　　［2］　Hall（1988）のモデル ………………………… *47*

v

目　次

　　　［2.1］　Selden（1978）のOCE表現 …………… *48*
　　　［2.2］　Hall（1988）のモデル ………………… *50*
　［3］　Epstein and Zin（1991）のモデル ………… *55*
　　　［3.1］　Kreps and Porteus（1978）のモデル ……*57*
　　　［3.2］　Epstein and Zin（1991）のモデル ………*58*
　［4］　Hall（1988）モデルとEpstein and Zin
　　　　（1991）モデル ……………………………… *62*
　補論　Epstein and Zin（1991）モデルの導出 ……… *65*

第4章　予備的貯蓄 …………………………………………… *71*

　［1］　絶対的慎重係数と相対的慎重係数 ………………… *72*
　［2］　不確実性による消費の成長率への影響 …………… *75*
　［3］　日本における予備的貯蓄の検証 …………………… *78*
　　　［3.1］　推 定 結 果 ……………………………… *81*

第5章　Consumption Insurance ……………………… *87*

　［1］　日本におけるConsumption Insuranceの
　　　　検証 ……………………………………………………… *88*
　　　［1.1］　Mace（1991）、Cochrane（1991）の実
　　　　　　証モデル ……………………………………… *88*
　　　［1.2］　不平等度によるConsumption Insurance
　　　　　　の実証 ………………………………………… *94*
　［2］　政府支出の安定化機能 ……………………………… *98*
　　　［2.1］　理論的フレームワーク ………………… *99*
　　　［2.2］　推　　定 ………………………………… *101*
　補論1　ウエイトの導出 ……………………………… *104*
　補論2　Bootstrap Methods ………………………… *106*

第6章　資産価値の効用 …………………………………… *109*

　［1］　資産保有と消費の代替性 ………………………… *111*
　　［1.2］　推　定 ……………………………………… *112*
　［2］　耐久消費財の資産価値 …………………………… *116*
　　［2.1］　モ デ ル ……………………………………… *117*
　　［2.2］　推　定 ……………………………………… *121*
　　［2.3］　耐久消費財とリース市場 …………………… *123*

あとがき ……………………………………………………… *127*

参考文献（*129*）
事項索引（*145*）

[1] 本書の目的　[2] 本書の構成

序　章

[1]　本書の目的

　本書の目的は、日本における家計の消費行動を実証研究によって分析することにある。経済活動において大きな影響を持つ家計の消費行動についての経済分析は、重要な課題であり、あらゆる経済行動の基盤となるものである。こうした家計の消費行動をケインズが消費関数としてあらわし、実証分析が行われるようになってから60年余が経過した。この間、フリードマン等による消費関数論争、合理的期待仮説の登場によって、消費理論は、経済学の潮流に大きな影響を受け、議論がなされることとなったのである。

　消費関数論争によって、消費理論は、ミクロ経済学の効用最大化理論に基づいた解釈あるいは分析がなされることとなった。マクロ分析におけるミクロ的基礎の始まりである。さらにミュースの合理的期待仮説によって消費理論は、消費の最適化経路すなわち動学的分析へと広がりを見せていったのである。

　本書では、ケインズの絶対所得仮説、フリードマンの恒常所得仮説を検討した後、ホールによる合理的期待下における恒常所得仮説いわゆるマーティンゲール仮説以降の展開の軌跡を日本の実証研究の結果によって検討していく。本書の構成は、以下のとおりである。

[2]　本書の構成

　第1章では、ケインズの消費関数である絶対所得仮説およびフリードマ

序　章

ンの恒常所得仮説についての検討をおこなう。ここでは、ケインズによって導き出された消費関数が、どのような前提にたっているかを示している。ケインズの消費関数は、クロスセクションにおける消費行動に着眼したものである。これに対し、長期的な消費行動を絶対所得仮説と整合的に分析した代表的仮説がフリードマンの恒常所得仮説である。フリードマンの恒常所得仮説は、その後の消費理論に、いわゆる三大仮説の中でもっとも大きな影響を与えた仮説であり、消費関数にミクロ的意味付けを行っている仮説でもある。そこで第1章では、フリードマンが用いた適応的期待仮説に従って、消費関数の推定および考察を行った。

　第2章では、合理的期待仮説を用いて消費の動学的な意味付けをおこなったホールのマーティンゲール仮説およびその検定について述べている。ホールは、合理的期待を行う家計が恒常所得に従って消費を行っているとき、消費がマーティンゲール過程すなわち前期の消費のみの関数となることを示したのである。つまり今期の消費の情報は、前期の消費に集約されるのである。このホールのマーティンゲール仮説に対して、rule of thumb、流動性制約、近視眼的行動等を根拠として、多くの検定が、提起されたのである。第2章では、このうちフレービンによるexcess sensitivity、ディートン等による excess smoothness、キャンベルによる共和分検定を取り上げた。Excess sensitivity は、予測可能な所得が現在消費に影響を与えているか否かを検定するものである。Excess smoothness は、消費と可処分所得の分散の大きさを比較することによって家計が恒常所得仮説に従っているか否か検討するものである。この2つの間には、excess sensitivity が生じるならば、可処分所得の分散が消費の分散よりも大きくなる、つまり excess smoothness が生じるという関係がある。一方共和分検定は、その定義から可処分所得と消費の差となる貯蓄が、定常性を持っているか否かを検証するための検定である。消費は、ホールのマーティンゲール仮説からも明らかに、非定常変数である。また可処分所得も通常非定常変数である。それ

[2] 本書の構成

ゆえこの2変数が共和分関係になければならないところから、共和分検定と呼ばれる。

　第3章では、マーティンゲール仮説において、一定と仮定されていた利子率の消費への影響を採り上げている。利子率の消費の最適化経路への影響は、前期の消費と今期の消費との代替の弾力性の大きさに依存して決定される。これを異時点間の代替の弾力性と呼ぶが、期待効用仮説の下では、相対的リスク回避度一定の効用関数を仮定した場合、異時点間の代替の弾力性は相対的リスク回避度の逆数となる。しかしこのことは、単なる数学的因果関係であり、経済学的な意味を持つものではない。つまり、よりリスク回避的な家計が利子率の大きさに影響を受けにくいという関係は、一般化できるものではないのである。この問題に対して、異時点間の代替の弾力性と相対的リスク回避度を独立に取り扱った実証モデルとしてホールとエプシュタイン-ツィンのモデルがある。そこで3章では、これらの紹介および日本における実証結果を示している。

　第4章では、予備的貯蓄についてのこれまでの展開およびARCH-Mモデルを用いた推定をおこなっている。予備的貯蓄とは、将来所得の不確実な変動つまり予測不可能な変動に対しておこなう貯蓄である。この章では、まずキンボールによって提示された予備的貯蓄の測度として絶対的慎重係数および相対的慎重係数を示す。そして不確実性がどのように消費の成長率に影響を及ぼすのかを若干のモデルを用いて提示し、これによって日本における予備的貯蓄の検証をおこなう。

　第5章では、Consumption Insuranceについての検証および政府支出の安定化機能を採り上げている。仮に所得の予測不可能な変動が雇用保険、入院保険のみならず義援金、補助金等をとおして完全に補完されているならば(完全な市場が存在するならば)、消費は、最適化経路から離れることはない。それゆえ、効用関数が家計をとおして同一ならば、個人の所得変動が消費の変動に影響を及ぼすことはないのである。このことから、個々人間

の消費の不平等度の変動は、所得の不平等度の変動とは独立であるとの関係が導かれる。これが Consumption Insurance あるいは所得保険とよばれるものである。第5章では、このような保険機能が働いているか否かを県別データを用いて検証をおこなっている。さらに拡張モデルとして政府支出が効用を高めることによって、安定化機能を持ちうるモデルの導出および検証をおこなっている。

第6章では、第5章までとは異なり、消費理論の主流からは少し離れる展開となる。ここでは、資産が虚栄心をとおして効用に影響を与えているのではないかとの仮説検証である。一般に「資産効果」は、将来消費への選好をあらわすものと考えられている。しかしそうした将来消費から得られる効用以上に資産保有が効用を高めているのではないかとの視点から、「資産保有効果」として検証をおこなった。

この「資産保有効果」は、耐久消費財にも生じると考えられる。この場合、耐久消費財のリスク回避度は、他人からの羨望により効用が高められることから、池田・筒井のいう外部性によって非耐久消費財・サービス財よりも小さくなると考えられる。そこで耐久消費財と非耐久消費財・サービス財のリスク回避度の比較から、「資産保有効果」の検証をおこなった。

第1章　消費関数の成立

　消費をはじめて所得の関数として「消費関数」を定義したのはケインズであった。ケインズは、現在所得が高い程、消費水準が高くなるという関係に加えて、現在所得が零であっても生きていくために必要最低限の消費、いわゆる基礎消費によって消費水準は決定されるとした。このことからケインズは、消費は定数項を持つ現在所得の関数としてあらわしうると考えたのである。ケインズの消費関数は、短期における消費行動に着目して考察されたものであり、短期あるいはクロスセクションデータを用いた推定においては、ケインズの消費関数は、当を得たモデルである。しかしヘーゲンは、ケインズの消費関数を用いて長期予測を試みたが、予測は大幅に外れた。このことは、長期的な消費行動と短期的な消費行動の間にある明らかな相違を示すものであり、この違いの究明が叫ばれたのである。

　この原因究明についておこなわれた論争がいわゆる「消費関数論争」である。この長期と短期の消費性向の違いを説明しようとした発端となった仮説がデューゼンベリー等による「相対所得仮説」である。その後、トービンによる「流動資産仮説」、フリードマンによる「恒常所得仮説」、モジリアーニ等による「ライフサイクル仮説」等によってこの点に関する論争が展開されることとなった。篠原(1958)が述べているように、これらの仮説においてフリードマンの恒常所得仮説は、いずれの仮説をも包括する仮説であり、またその後の消費関数の研究に大きく影響を与えた代表的仮説といえよう。

　そこで本章では、ケインズの消費関数を紹介した後、消費関数論争における代表的仮説であるフリードマンの恒常所得仮説について述べる。そし

第1章 消費関数の成立

て恒常所得仮説およびこの仮説におかれた一時消費と一時所得の無相関の仮定について日本のデータを用いた検証を行う。

[1] ケインズの消費関数

[1.1] ケインズの消費関数

ケインズは、1936年『雇用・利子および貨幣の一般理論』の8章、9章、10章において、ある雇用水準においてどの程度の消費を行なうかを決定する消費関数を定式化した。これは後に「絶対所得仮説」と呼ばれる仮説である。この中でケインズは、効用水準を消費に関係づけるため、賃金単位表示の所得(Y_w)と賃金単位表示の消費(C_w)を用いて以下のような関数関係を規定し、この関係を「消費性向」と呼んでいる。

$$C_w = f(Y_w) \quad \text{または} \quad C_w = W \cdot f(Y_w)$$

ここでWは、賃金をあらわす。消費は、所得、客観的要因、主観的要因に依存するが、長期的に見れば、主観的要因は所与とみなしうるため、消費性向は、客観的要因の変化にのみ依存すると仮定している。

この客観的要因としてケインズは、次の6項目の要因を挙げている。

1．実質所得の変化
2．所得と可処分所得との間の格差の変化
3．所得に計上されない資本価値の予測されなかった変化
4．時間割引率の変化
5．財政政策の変化
6．現在の所得水準と将来の所得水準との関係についての期待の変化

しかしこれらの要因を考察し、ケインズは、「……与えられた状態においては、消費性向は、もし貨幣によって図られた賃金単位の変動を除去するならば、かなり安定的な関数とみなすことができる……」と述べている。つまり、彼の考えに基づけば、消費を決定するのは、実質所得のみであり、その他の客観的要因は、大きく影響を与えないということである。

[1]　ケインズの消費関数

　この実質所得による消費関数がどのような形であるかについては、《基本的心理法則》によって決定されるとしている。この基本的心理法則によって、所得の増加によって消費は増加するが消費の増加は所得の増加よりも小さくなる。すなわち、$0 < \dfrac{dC_w}{dY_w} < 1$ となることを意味する。その理由として、特に短期においては、習慣的な生活水準を維持しようとするため、所得の増加分の多くは貯蓄にまわされ、また所得の減少は、貯蓄の減少によって同額の消費の減少を導かないことを挙げている。さらに生きていく上での必要最低限の財への消費（第一次的必要）によって消費が所得を超えることもある。それゆえケインズ型消費関数は、図1.1のように切片を持つ線型関係で表すことができる。

　ケインズは広範囲の者を対象とした場合においては、限界消費性向は、雇用の増加つまり、実質所得の増加にしたがって減少すると述べている。短期的には雇用の増加により収穫逓減となるために限界消費性向は減少する。さらに、失業者の減少は、社会全体での負の貯蓄を低下（貯蓄の取り崩しの減少）させる。それゆえ、限界消費性向は逓減する。したがって広範囲を視野において検討すると、図1.2見られる非線型の逓減関数となるので

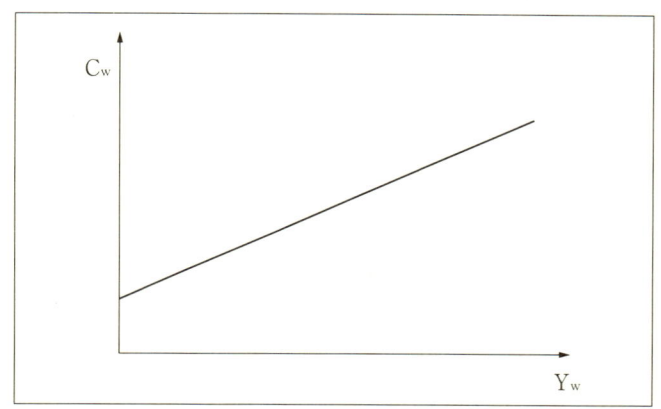

[図1.1]

第1章　消費関数の成立

[図1.2]

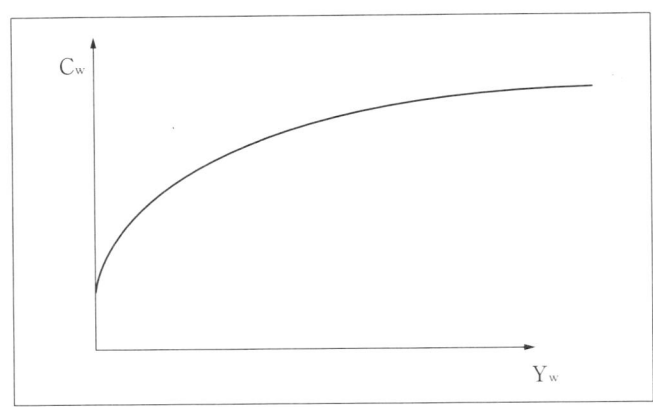

ある。

　長期的には、ケインズがあまり重要ではないと考えていた主観的要因を考慮しなければならない。ケインズが検討した主観的要因は以下の8通りの貯蓄動機である。

1．予測不可能な出費への準備
2．将来の予測可能な老後の生活などへの出費
3．利子および資産価値の上昇による稼得目的
4．現在消費を抑え、将来に向けて消費が向上していくことを選好するため
5．独立の意識と実行力を顕示するため
6．投機または経営資金
7．将来への遺贈(名誉心)
8．消費への過度のもの惜しみ(けち根性)

　それぞれは負の貯蓄である消費に対応している。Browning and Lusardi(1996)が述べているようには、60年たった現在でも、消費者の貯蓄目的は、これら8項目に、

9．家屋、車といった耐久消費財を購入するため(頭金)の貯蓄目的を加えた9項目であり、ケインズから1項目が追加されているにすぎない。

こうしたケインズが消費関数に明示的に含めなかった主観的要因による消費の時間的変動の分析は、その後、貯蓄の研究において各要因別に分析されることとなった。

以上がケインズによる消費関数である。このケインズの消費関数を後にフリードマンは、彼自身の仮説「恒常所得仮説」と対比して「絶対所得仮説」と呼んでいる。

[1.2] ケインズの消費関数への懐疑

このケインズの消費関数に対する懐疑が生じた契機は、ヘーゲンの予測の失敗である。ヘーゲンは、ケインズの消費関数を用いたマクロモデルによる景気予測を行なった。しかしその予測は大幅にはずれた。この結果は消費支出の予測が、過小評価されたことに起因するものであった。

また一方で、クズネッツは、ケインズの消費関数の長期的な妥当性について疑問を提示した。クズネッツは、長期の時系列データを用いて消費と国民所得との関係を分析し、平均消費性向は一定であること、つまり定数項がほぼ零になることを示したのである。

その後の研究において、多くの場合消費関数は、短期またはクロスセクションデータにおいては、ケインズの消費関数があてはまる。これに対して長期的には平均消費性向が一定であることが立証された。しかしケインズ自身は、絶対所得仮説に長期的妥当性を想定してはいない。それゆえ、このことが絶対所得仮説への批判とは本来ならないのであるが、長期においては、消費関数にいかなる影響が生じるかを考察すべきであるという問題提起となったのは確かである。

この二つの互いに異なる結果をどのようにして整合性を持たせて説明を

第1章 消費関数の成立

行なうかを廻っていわゆる消費関数論争が展開されたのである。

[2] 消費関数論争

長期と短期の消費関数の消費性向の違いを説明する発端となる仮説にデューゼンベリー等による相対所得仮説が挙げられるであろう。その後トービンによる流動資産仮説、フリードマンによる恒常所得仮説、モジリアーニ等によるライフサイクル仮説等によってこの点に関する論争が展開されることとなった。篠原(1958)が述べているように、これらの仮説においてフリードマンの恒常所得仮説は、いずれの仮説をも包括する仮説であり、またその後の消費関数の研究に大きく影響を与えた代表的仮説といえよう。なぜならば相対所得仮説は消費が現在所得と過去の最高水準の所得に依存するというものである。しかしこれは、恒常所得の一つの推定法と見なすことが出来るものである。ライフサイクル仮説は、恒常所得仮説と同様に、消費者の効用最大化行動に基づく仮説であり、その後の研究に大きく影響をもたらした仮説であるが、無限の寿命を仮定することで恒常所得仮説と同一視しうる仮説である。

そこでここでは、フリードマンの恒常所得仮説の紹介を行い、クロスセクションデータと時系列データを用いた際の推定結果の違いについて考察していく。以下の紹介における訳語は、宮川・今川(1961)に従う。

[2.1] 恒常所得仮説

フリードマンによる恒常所得仮説はその著『消費関数の理論』(1957)においてその理論および実証結果が記されている。ケインズの絶対所得仮説が社会全体の消費関数を想定していたのに対し、フリードマンは、個人の消費行動を基礎として、その集計値として社会全体の消費関数を導いている。その理論的基礎は、ミクロレベルにおける効用最大化理論に従うものである。

[2] 消費関数論争

恒常所得仮説において重要な役割を持つのは、所得(y)と消費(c)をそれぞれ以下のように恒常部分（permanent component）と変動部分（transitory component）に分けて考えていることにある。

$$y = y^p + y^t \qquad (1.1)$$
$$c = c^p + c^t \qquad (1.2)$$

ここでy^pは、恒常所得を、y^tは、変動所得（一時所得）をあらわす。またc^pは、恒常消費を、c^tは、変動消費（一時消費）をあらわす。

それゆえ今期の所得は、恒常的な所得と一時的な臨時収入あるいは損益に、また今期の消費は、恒常的な消費と臨時支出に分けることができる。正の変動消費としては、思いがけない病気がある。篠原(1958)では、負の変動消費の例としては「配給統制」などにより、消費物資が入手できない場合を挙げている[1]。

恒常所得とは、無限の視野の下で、「資産を減らすことなく、消費しうる金額」であるとフリードマンは定義している。それゆえ、人的資産および非人的資産を含めた、総資産(W)の一定割合であらわされる。したがって恒常所得は消費者に無限の視野を仮定すると、総資産からの利子所得と等しくなるので、利子率をrとすれば、

$$y^p = rW \qquad (1.3)$$

と表わすことができる。また恒常消費とは、支出額ではなく、計画された消費財からのサービスフローによって定義される。それゆえ、現在消費支出と恒常消費は、耐久消費財あるいは、予測誤差によって現在消費支出から乖離する。したがって恒常消費c^pは、恒常所得の安定した関数と見做すことができる。

$$c^p = ky^p \quad (k \leq 1) \qquad (1.4)$$

係数kは資産レベルや恒常所得とは独立であるが、利子率、資産比率(w)、効用要因(u)と相関を持つと考えられている。これらのことから、(1.5)式であらわすことができる。

第1章　消費関数の成立

$$c^p = k(r, w, u) y^p \tag{1.5}$$

これがフリードマンの恒常所得仮説による個人の消費関数である。この個人の消費関数をもとに、ケインズが考察した社会全体の消費関数は以下のように導出される。

恒常所得の分布と利子率、資産所得比率、効用要因の分布が独立ならば、上式を集計して(1.6)式のようなマクロの消費関数を導くことができる。

$$C^p = K \cdot Y^p \tag{1.6}$$

但し、$K = \int_r \int_w \int_u g(r, w, u) k(r, w, u) \, dr \, dw \, du$

ここでgは、家計の分布をあらわす。

(2.1.1)　長期とクロスセクション(短期)の消費関数の違い

クロスセクションデータと時系列データから得られる消費パターンの差がどのように整合性を持って説明され得るかについてフリードマンは次のように述べている。

長期とクロスセクションの消費関数の違いを説明するために、データから得られる関係は、何を意味するかを示す。分析に当たっては、次の仮定が置かれている。

$$\rho(y^t, y^p) = \rho(c^t, c^p) = \rho(y^t, c^t) = 0 \tag{1.7a}$$

$$\mu(y^t) = \mu(c^t) = 0 \tag{1.7b}$$

ρ、μは、それぞれ相関係数と期待値である[2]。(1.7a)式は、恒常所得と変動所得、恒常消費と変動消費、変動所得と変動消費との間に相関関係がないことを示している。第3の仮定(変動所得と変動消費との無相関)は、やや厳しいようにも思われるが、これに対してフリードマンは、変動所得が多ければ、余暇が減り、消費を行なう時間が減るために相関は起らないと述べている。この点に関しては、本章の[2.2]節において実証分析を行う。また(1.7b)式は、変動消費と変動所得が長期的にはゼロとなることを示

している。

現在所得と現在消費のデータy、cから次式を推定する。

$$c = \alpha + \beta y \tag{1.8}$$

α、βの最小二乗法による推定値をそれぞれa、bとすると、以下のように推定される。

$$b = \frac{\sum_{i=1}^{n}(c_i - \bar{c})(y_i - \bar{y})}{\sum_{i=1}^{n}(y_i - \bar{y})^2} \tag{1.9}$$

$$a = \bar{c} - b\bar{y} \tag{1.10}$$

ここで$\bar{c}$、$\bar{y}$は、それぞれ消費の標本平均と所得の標本平均をあらわす。nは、標本数をあらわす。

(1.9)式の分子に(1.1)、(1.2)式を代入すると、以下のように整理することができる。

$$\sum_{i=1}^{n}(c_i - \bar{c})(y_i - \bar{y}) = \sum_{i=1}^{n}\{(c_i^p + c_i^t) - (\bar{c}^p + \bar{c}^t)\}\{(y_i^p + y_i^t) - (\bar{y}^p + \bar{y}^t)\}$$

$$= \sum_{i=1}^{n}(c_i^p - \bar{c}^p)(y_i^p - \bar{y}^p) + \sum_{i=1}^{n}(c_i^p - \bar{c}^p)(y_i^t - \bar{y}^t)$$

$$+ \sum_{i=1}^{n}(c_i^t - \bar{c}^t)(y_i^p - \bar{y}^p) + \sum_{i=1}^{n}(c_i^t - \bar{c}^t)(y_i^t - \bar{y}^t)$$

さらに、$c^p = ky^p$を上の式に代入すると以下の恒等式が成り立つ。

$$\sum_{i=1}^{n}(c_i - \bar{c})(y_i - \bar{y}) = k\sum_{i=1}^{n}(y_i^p - \bar{y}^p)^2 + k\sum_{i=1}^{n}(y_i^p - \bar{y}^p)(y_i^t - \bar{y}^t)$$

$$+ \frac{1}{k}\sum_{i=1}^{n}(c_i^t - \bar{c}^t)(c_i^p - \bar{c}^p) + \sum_{i=1}^{n}(c_i^t - \bar{c}^t)(y_i^t - \bar{y}^t)$$

ここで仮定(1.7a)より、上記の式の2項、3項、4項は漸近的にゼロであるから、推定値bは、以下のようにあらわすことができる。

第1章　消費関数の成立

$$b = k\left[\dfrac{\sum_{i=1}^{n}(y_i^p - \bar{y}^p)^2}{\sum_{i=1}^{n}(y_i - y)^2}\right] = kR_y$$

$$R_y = \dfrac{Var(y^p)}{Var(y)} \qquad (1.11)$$

一方、(1.11)式の分子である所得の分散は以下のように分解することができる。

$$Var(y) = Var(y^p) + Var(y^t)$$

それゆえ、R_yは1以下となる。

$$R_y = \dfrac{Var(y^p)}{Var(y)} \leq 1$$

定数項aは、以下の(1.12)式のように、それぞれの平均値を用いて求めることができる。

$$\begin{aligned}a &= \bar{c} - b\bar{y}\\ &= k\bar{y} - R_y k\bar{y}\end{aligned} \qquad (1.12)$$

整理すると、以下の(1.13)式となる。

$$a = (1 - R_y)k\bar{y} \qquad (1.13)$$

それゆえ、クロスセクションデータによる消費関数はR_yが1以下であることから定数項をもった関数となると説明しうるのである。また得られたパラメータbは、以下のような経済的意味を持つ。パラメータbは、現在所得の1単位の差がどれだけの現在消費の差を生むかを表す。そしてこのパラメータbは、消費に影響を与える恒常所得と現在所得との比率R_yと恒常所得から消費に向けられる割合kに依存する。

長期においてはy^tの変動は、恒常所得の変動に比べて小さくなるため、R_yが十分に1に近づくために消費が恒常所得に比例する。それゆえ、このことから明らかなように長期の限界消費性向は、クロスセクションデータで得られる限界消費性向よりも大きくなるのである。

[2] 消費関数論争

[図1.3]

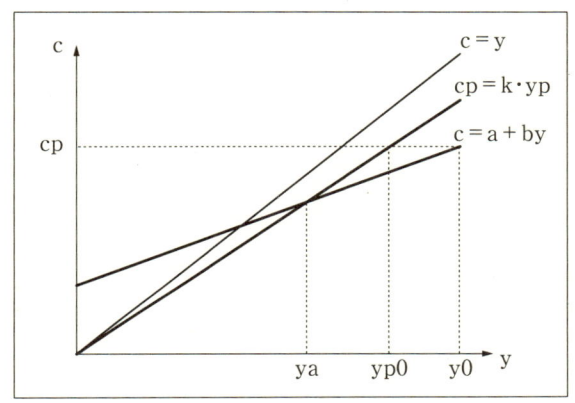

このことについてフリードマンは以下のように説明している。**図1.3**より、いま平均所得（ya）よりも所得（$y0$）の大きな集団を考える。この集団は、平均所得よりも高い所得を得ており、正の変動所得が生じる傾向が強い。このとき定義から現在所得は、恒常所得と変動所得との和であるから、現在所得と変動所得は、完全な正の相関を持つ。それゆえ、この場合には現在所得は、恒常所得よりも大きくなる（$yp0 < y0$）。したがって、現在所得よりも低い恒常所得（$yp0$）に対応する恒常消費（$cp0$）を行なう。平均所得よりも低い現在所得を持つ集団においては、全く逆のロジックを用いることができる。また現在所得が平均所得に等しければ、変動所得は、零であるから、（$c = ky$）の関係が成り立っている。さらにこのことから、$k \leq 1$であるから、変動所得が大きいほど貯蓄が大きくなる。このことは、予備的貯蓄の性格と一致する。それゆえkは、予備的貯蓄に依存して決定されると考えうる。さらにもし変動所得の平均が零よりも大きい時、$c = a + by$のグラフは上方へシフトし、総貯蓄が下落することはあきらかである。

以上が恒常所得仮説による入手し得るデータを用いて推定した際のパラメータのもつ意義である。

15

第 1 章　消費関数の成立

この恒常所得仮説を用いて、フリードマンは、所得の不平等が時間とともに拡大しないこと、異なる集団ごと(都市部と農村、白人と黒人等)の推定結果の違い、年齢による貯蓄率の違い、所得変化の効果の分析を行なっている。恒常所得仮説の下では、それぞれの要因が容易に説明が可能となることを示している。

【時系列分析】

時系列分析においては、フリードマンは恒常所得を以下のような方法で求めている。フリードマンは、恒常所得は、過去の所得の加重和として求めることができると述べ、次のように定義している。

$$Y^p(T) = \int_{-\infty}^{T} w(t-T) Y(t) dt \tag{1.14}$$

但し w は、$\int w dt = 1$ となるウェイトである。

そしてこのウェイトづけに適応的期待を用いた。適応的期待は、以下のように実現した所得と恒常所得の差の一定割合次期の恒常所得を調整していく方法である。

$$\frac{dY^p}{dT} = \beta [Y(T) - Y^p] \quad (0 < \beta < 1) \tag{1.15}$$

このとき T 期における恒常所得は、以下の(1.16)式のように表しうる。

$$Y^p(T) = \beta \int_{-\infty}^{T} e^{\beta(t-T)} Y(t) dt \tag{1.16}$$

しかし所得は、一般に右上がりのトレンドをもつため、このようにして得られた恒常所得は、常に下方に推計される。それゆえ、フリードマンは、所得の平均成長率 g を考慮して、恒常所得を以下のように再定義した。

$$Y^p(T) = Y_0 e^{gT} + \beta \int_{-\infty}^{T} e^{\beta(t-T)} [Y(t) - Y_0 e^{gT}] e^{g(T-t)} dt$$

$$\tag{1.17}$$

[2] 消費関数論争

$$= \beta \int_{-\infty}^{T} e^{(\beta-g)(t-T)} Y(t) dt$$

時系列においては、変動成分は、期間を通じて相殺されるため、$c = c^p$ となるから、消費関数は、以下の(1.18)式となる。

$$C(T) = K\beta \int_{-\infty}^{T} e^{(\beta-g)(t-T)} Y(t) dt \qquad (1.18)$$

推定においては、データにあわせて(1.18)式を定義する必要がある。データは、離散型で得ることができるので、(1.18)式を離散型であらわすと、以下の(1.19)式が得られる。

$$C(T) = K \sum_{i=0}^{\infty} \beta'(1-\beta'+g')^i Y_{T-i} \qquad (1.19)$$

フリードマンは、(1.19)式の推定において、ラグ数の決定には、追加的な所得のラグが有意に決定係数を上昇させなくなるまで付け加えることを示唆し、彼自身の推定においては、17年のラグを用いている。

【有効加重期間】

実際所得と恒常所得との格差に対する適応期間、換言すれば現在所得が恒常所得に影響を与える期間を計測する方法として、フリードマンは、以下のような過去と現在との加重平均を用いた。それゆえ(1.20)式は、平均未調整期間である。

$$AVG_{T-t} = \beta \int_{-\infty}^{T} e^{\beta(t-T)}(T-t) dt$$
$$= 1/\beta \qquad (1.20)$$

そこで(1.20)式の2倍を「有効加重期間」とした。

【推定モデル】

フリードマン自身が指摘するように、ラグ変数の増加は、推定における

第1章　消費関数の成立

自由度の減少を意味する。さらに所得のラグ変数は多重共線性をおこしやすい。この問題に対し、その後、消費関数を1期ずらし$(1-\beta+g)$を乗じたものを引くことで、

$$C_t = K\beta' Y_t + (1-\beta'+g')C_{t-1} \qquad (1.21)$$

との定数項なしの推定式が得られラグ問題に対する解決を見た。ただし真の恒常所得と推計された恒常所得との間に確率的な残差が生じるならば、（1.21）式の誤差項は、1次のMA過程となる。

[2.2]　日本における恒常所得仮説の検証

ここでは、長期の時系列データを用いて、日本におけるフリードマンの定式化にもとづいて恒常所得仮説の推定を行う。

(2.2.1)　消費関数の推定

長期のデータ系列より、（1.21）式を用いて恒常所得仮説の推定を行う。

推定には、1955年から1996年までの年次データを用いる。消費には、家計の最終消費支出をもちいた。消費（c）、可処分所得（yd）とも、消費の1990年基準のインプリシット・デフレーターをもちいて実質化し、各年の推計人口で割ることで、一人当たりの実質値を計算した。データは、人口を除いていずれも「国民経済計算年報」による。人口は、「人口推計年報」による。

適応的期待仮説に基づく（1.21）式を用いた最小二乗法による推定結果は、以下のとおりである。

$$c_t = 0.22 yd_t + 0.69 c_{t-1} \qquad \text{Dubin'h}=2.51 \qquad (1.22)$$

以上の結果から、ダービンのh統計量より5％の有意水準で、正の系列相関が生じていることがみとめられる。このことは、フリードマンの適応的期待仮説を用いた場合に生じると考えられた負の相関に相反するものである。正の系列相関は、最小二乗法による推定値に対し、分散が過小評価

[2] 消費関数論争

されるが不偏性は保たれる。しかし(1.22)式においては、被説明変数のラグ変数が含まれているため、系列相関が生じている場合、ラグ変数と誤差項が相関をもつため不偏性も損なわれてしまう。

上記の結果より負の相関が見られなかったため、ここでは、1次の系列相関(AR(1))を考慮した反復コクラン・オーカット法により推定を行う。初期値の計算は、Davidson and Mackinnon (1993)に従った。推定結果は、以下のとおりである。括弧内は、頑強標準誤差を用いたt値をあらわす。

$$c_t = 0.31 yd_t + 0.55 c_{t-1} \tag{1.23}$$
$$(6.77) \quad (7.82)$$

得られた推定値より、フリードマンの推定法に基づく恒常所得仮説について検討を行う。

フリードマンの恒常所得仮説におけるいくつかのインプリケーションにしたがって、(1.23)式で得られたパラメータの考察を行なってみよう。推定期間における消費の成長率の標本平均は、0.048であった。また(1.21)式を用いると、それぞれの推定値より、以下の関係が成立している。

$$K\beta' = 0.31 \tag{1.24a}$$
$$1 - \beta' + 0.048 = 0.55 \tag{1.24b}$$

それゆえ、これらの式より恒常所得と恒常消費の比率Kは0.622であり、期待適応速度βは0.498となる。

有効加重期間は、βの逆数の2倍であるから、日本における有効加重期間は約4年であることがわかる。このことは、過去4年間の所得が恒常所得の予測つまり現在消費の決定に影響を及ぼしているとの結果を示すものである。またフリードマンは、この有効加重期間は、先見期間とも大きく関わっていると述べている。つまり恒常所得を形成する際、4年先までの予想所得が大きく関係してくることを示唆するものである。このことは、近年用いられている無限の視野の仮定とは大きく異なる。

第1章　消費関数の成立

(2.2.2)　恒常所得と変動所得への分解

次にWatson(1986)による恒常成分と変動成分の分解手法を用いて、変動消費と変動所得に置かれた無相関の仮定の成否について検証を行なう。単変数分解の択一的な手法として、Beveridge and Nelson(1981)の手法があるが、彼らの手法は、恒常成分と変動成分が完全な負の相関を持ち、さらに現在所得の分散が恒常所得と変動所得の分散の和であるとしているためフリードマンによる恒常所得仮説の仮定は満たされない。そこで、フリードマンの恒常所得仮説に置かれた仮定と同じく、恒常成分と変動成分に無相関を仮定したWatson(1986)の手法を用いた。ここでは、日本のデータを用いてモデルの推定をおこなった[3]。

いま変数x_tが恒常成分p_tと変動成分T_tで成り立っているとする。簡単化のため、変動成分はホワイトノイズであるとする。

$$x_t = p_t + T_t \tag{1.25}$$

この時恒常成分p_tが、確率トレンドを含むならば、恒常成分は、以下のようなランダムウォークモデルで表すことができる。それゆえ、攪乱項ε_tは、ホワイトノイズであり恒常的な影響をx_tに与える。

$$p_t = p_{t-1} + a_0 + \varepsilon_t \tag{1.26}$$

但し、変動成分と恒常成分における攪乱項は無相関とする。以上の仮定が成立しているならば、

$$\mathrm{var}(\Delta x_t) = \sigma^2_\varepsilon + 2\sigma^2_T$$

$$\mathrm{cov}(\Delta x_t, \Delta x_{t-1}) = -\sigma^2_T$$

であるから、Δxは、MA(1)過程に従うことがわかる。いまこのMA過程のパラメータをβ_1とすると、t期におけるx_{t+1}の期待値は、以下のように表現することができる。

$$E_t x_{t+1} = x_t + a_0 + \beta_1 e_t \tag{1.27}$$

(1.26)式を(1.25)式に代入し、(1.25)式と(1.27)式の比較を行うことによって、$\beta_1 e_t = -T_t$が成立している。このことから、変動成分$\{T_t\}$の

系列をうる。この変動成分$\{T_t\}$の系列をもちいて恒常成分のショック$\{\varepsilon_t\}$の系列をうることができる。

【推定結果】

可処分所得のデータは、非定常であるため、可処分所得について、以下のようなARIMA(0,1,1)モデルでの推定を行った。

$$\Delta yd_t = a_0 + e_t + \beta_1 e_{t-1} \tag{1.28}$$

推定結果は、以下のとおりである。但し括弧内は、標準誤差をあらわす。

$$\Delta yd_t = 66684.7 + e_t - 0.97 e_{t-1} \tag{1.29}$$
$$\quad\quad (15385.1) \quad\quad (0.025)$$

その結果、10%のKolmogorov-Smirnov limitsより、(1.29)式において、残差の相関は見られなかった。それゆえ、ARIMA(0,1,1)モデルは、棄却されない。(1.29)式で得られたパラメータを用いて、所得の変動成分の抽出を行う。

推定結果をもとに、得られた変動成分と恒常成分におけるイレギュラー要素の系列を 図1.4 に示している。

同様に、消費についても恒常消費と変動消費への分解をおこなった。推

[図1.4]

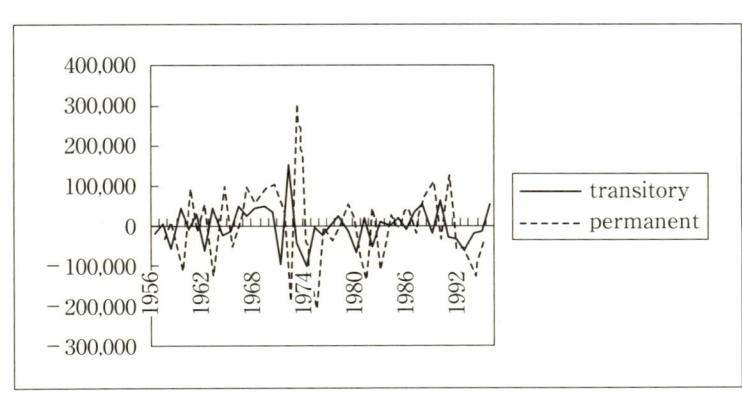

第1章　消費関数の成立

[図1.5]

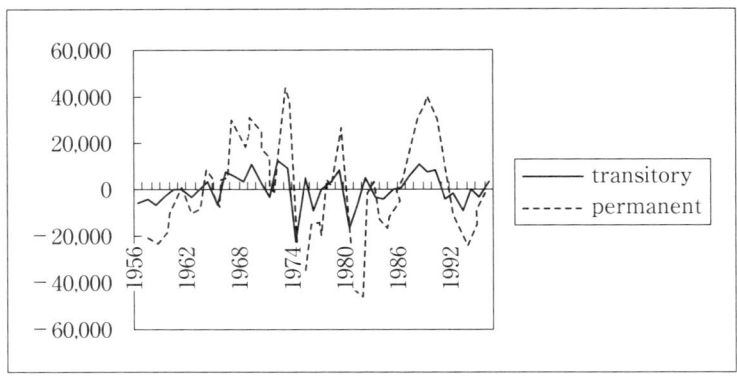

定結果は、以下のとおりである。但し括弧内は、標準誤差をあらわす。

$$\Delta cp_t = 45868.1 + e_t - 0.32 e_{t-1} \qquad (1.30)$$
　　　　(4742.45)　　(0.15)

10%のKolmogorov-Smirnov limitsより、(1.30)式の推定結果においても残差の相関は見られなかった。そこで(1.30)式で得られたパラメータを用いて、所得と同様の手法によって変動消費の抽出を行う。

(1.30)式で得られた推定結果をもとに、消費の変動成分と恒常成分のイレギュラー要素の系列を 図1.5 に示している。

以上で得られた恒常成分及び変動成分の系列を用いて、フリードマンが恒常所得仮説の検証において用いた変動消費と変動所得との無相関の仮定、

$$\rho(y^t, c^t) = 0 \qquad (1.7a)$$

についての検証を行なう。

フリードマンの恒常所得仮説の検証において最も疑問が持たれたのが、消費の変動成分と所得の変動成分の無相関である。そこで、得られた消費と所得の変動成分の回帰を行なった。結果は、以下のとおりである。但し括弧内は、標準誤差をあらわす。

$$c_t^t = 42.17 + 0.095 \, yd_t^t \qquad (1.31)$$
　　(889.29)　(0.019)

[2] 消費関数論争

　以上のように所得の変動成分と消費の変動成分が相関を持っていることが通常の有意水準の下では棄却されない。しかしここでの推定は、時系列データを用いていることに留意しなければならない。それゆえ、クロスセクション分析におけるフリードマンの手法を棄却するものではないが、クロスセクションデータと時系列データを用いて消費関数を推定した際におきる限界消費性向の違いが厳密に所得の分散における恒常所得の分散に起因するもの以上に過大評価されていることが示されたのである。

　以上を要約すると以下のとおりである。ここでは、消費を所得の関数としてはじめて定義したケインズからケインズの消費関数の長期データにおけるパフォーマンスの不適合を解明した代表的仮説であるフリードマンの恒常所得仮説についての考察をおこなった。さらに、日本のデータを用いてフリードマンの定式化による恒常所得仮説の検証を行った。その結果、消費は過去4年間の実際所得の変動に影響を受けることが明らかとなった。
　フリードマンの恒常所得仮説についてのさらなる考察として、変動消費と変動所得との無相関の仮定についてWatson(1986)の分解手法を用いて検証をおこなった。この仮定は、長期における消費関数とクロスセクションにおける消費関数との相違の意義を提示する仮定である。分解された要素をもちいて検証をおこなった結果、変動消費と変動所得との無相関は支持されなかった。それゆえ、フリードマンによる長期とクロスセクションの消費行動における違いは、厳密には所得の分散における恒常所得の分散であらわすことはできないのである。しかし変動消費と変動所得の相関は、所得や恒常所得の変動に比べて長期的には、十分に小さいと考えうる。そのためフリードマンの恒常所得仮説は支持すべきものであると考える。次章では、合理的期待下における恒常所得仮説である「マーティンゲール仮説」について述べる。

第 1 章　消費関数の成立

1）フリードマンは実際には変動成分のなかには、測定誤差が含まれると述べている。
2）宮川・今川(1961)では、「平均値」と訳されているが、ここでは「期待値」を用いた。
3）Watson(1986)の時系列モデルについては、Enders(1995)がわかりやすい。

第 2 章 マーティンゲール仮説

　恒常所得仮説は、その後多くの論文によって検証され、膨大な研究の集積があるが[1]、これらの研究の多くは、静学的期待あるいは、確率的な環境を仮定しても適応的期待といった特別な期待形成に限って関心が持たれてきた。しかし、1970年代半ばから、代表的な期待形成仮説としては、適応的期待や静学的期待などに代わって、Muthによる利用可能な全ての情報を用いて期待形成を行う合理的期待仮説が主流となった。この合理的期待仮説の下で恒常所得仮説がどのようなインプリケーションを持つかを示したのが Hall(1978)のマーティンゲール仮説である。

　これまで恒常所得仮説の推定において、恒常所得を計算する際に必要となる将来所得の代理変数として、1章で見たように、主に所得の分布ラグモデルを用いてきた。しかしこうした所得の外生性はあくまでも仮定であり、もし所得が内生変数であるならば、連立方程式体系によって外生変数から推定された値を用いなければならない。しかしここで、連立方程式体系における所得を導く外生変数の選択は、分析者に任されるものであり、それらの変数もまた内生変数でありうるのである。この問題に対して、Hall(1978)は、消費者の効用最大化問題に合理的期待を導入することで、過去の情報が消費のラグ変数に凝縮されることを示した。このことによって、一旦、消費のラグ変数が説明変数に含められると、過去の所得系列は、新たな情報をもたらすものではなく、現在消費の変動を説明し得ないものとなるのである。

　本章の構成は以下のとおりである。[1]でマーティンゲール仮説の概説を行なった後、[2]でマーティンゲール仮説に対する検定方法として消費

第2章　マーケティンゲール仮説

が合理的であるか否かを検定する直交性の検定、予測し得る所得の変動が消費に影響を与えているか否かを検証するexcess sensitivity、消費の分散と所得の分散の大きさを比べることによって検定するexcess smoothness、そして貯蓄が定常性を持つか否かによって恒常所得仮説を検証するCampbell(1987)の共和分検定の紹介を行なう。

[1] マーティンゲール仮説

家計の消費行動に合理的期待を仮定して分析する際、通常効用関数への加法分離性(異なった期間における消費は独立に効用に影響を与える性質)、資本市場の完全性(利子率は借りる時も貸す時も同一利率)、外生的所得(所得は所与)といった仮定が置かれる[2]。これらの仮定に加えてHall(1978)は、特に以下のような仮定を置いている。

1) 効用関数は二次関数である。

$$u(c_t) = -\frac{1}{2}(\bar{c} - c_t)^2$$

ここで、$\bar{c}$は、bliss level(至福水準)である。

2) 利子率と時間割引率は一定[3]

合理的期待下における恒常所得仮説[4]に従う、代表的個人の直面する最大化問題は以下である。

$$max \quad U = E_t\left[\sum_{i=0}^{\infty}(1+d)^{-i}u_{t+i}(c_{t+i})\right] \quad (2.1)$$

$$s.t. \quad a_{t+i+1} = (1+r)(a_{t+i} + y_{t+i} - c_{t+i}) \quad (2.2)^{[5]}$$

ここで、E_tは、t期における全ての情報を用いて期待形成を行う条件付期待値演算子を、c_tはt期における消費を、y_tはt期における労働所得を、a_tはt期における非人的資産をあらわす。またdは時間割引率を、rは利子率をあらわす。ここでは、労働所得が不確実性の要因となる。上記の問題の消費に関する一階の条件は以下の(2.3)式のとおりである。

[1] マーティンゲール仮説

$$E_t u'(c_{t+1}) = \left[\frac{(1+d)}{(1+r)}\right] u'(c_t) \qquad (2.3)$$

(2.3)式に、1)および2)の仮定を用いることで以下の(2.4)式が導出される。

$$c_{t+1} = \gamma c_t + \varepsilon_{t+1} \qquad (2.4)$$

但し、$\gamma = \left[\dfrac{(1+d)}{(1+r)}\right]$

ここで、合理的期待の下では攪乱項ε_{t+1}は、t期のいかなる情報に対しても独立でなければならない。Deaton(1992)等が指摘するように、攪乱項ε_{t+1}は、過去の攪乱項との無相関も分散一定の仮定も保証されるものではない。それゆえホワイトノイズとはならないので、ドリフト付きのランダムウォークではない。もし合理的期待の下で恒常所得仮説が成り立っていれば、消費は、マーティンゲールに従うというべきであろう。それゆえここでも通常ランダムウォーク仮説とよばれているこの仮説を、林(1996)に従ってマーティンゲール仮説と呼ぶ。

この合理的期待下では、t期以前の所得は、全てt期の消費に恒常所得を通して情報として取り入れられているため、$t+1$期の消費を説明する要因とはならない。これに対し、適応的期待によって期待が形成されているならば、t期の消費を説明変数に含んでいても、t期以前の所得は消費の重要な説明要因となる。しかし合理的期待形成が行われているとしても、流動性制約(借り入れ制約等の流動資産への制約)が存在するならば、過去の所得は消費の重要な説明要因となりうるのである。

次に、このマーティンゲール仮説のインプリケーションをFlavin(1981)に従って検討する。Flavin(1981)は、恒常所得を以下のように総資産からの収益として定義している。

$$y_t^p = \frac{r}{1+r}\left[a_t + \sum_{i=0}^{\infty}(1+r)^{-i} E_t[y_{t+i}]\right] \qquad (2.5)$$

第2章 マーケティンゲール仮説

利子率と時間割引率が等しければ、消費の平滑化によって、消費と恒常所得は等しくなる。それゆえ、(2.6)式のような消費関数を得る。

$$c_t = \frac{r}{1+r}[a_t + \sum_{i=0}^{\infty}(1+r)^{-i}E_t[y_{t+i}]] \qquad (2.6)$$

ここで右辺は、無限の視野における恒常所得である[6]。

(2.6)式をマーティンゲール仮説を例に導出してみよう。消費の現在価値は以下のように現在資産と所得の現在価値であらわすことができる。

$$\sum_{i=0}^{\infty}(1+r)^{-i}E_t[c_{t+i}] = (1+r)a_t + \sum_{i=0}^{\infty}(1+r)^{-i}E_t[y_{t+i}] \qquad (2.7)$$

利子率が割引率に等しいとすると、マーティンゲール仮説より2次関数の効用関数の下で、

$$E_t[c_{t+i}] = c_t \qquad \text{for all} \quad i \geq 0 \qquad (2.8)$$

が成り立つ。以下では、Deaton(1992)にしたがって、展開をおこなう。

(2.7)式に(2.8)式を代入すると、

$$\sum_{i=0}^{\infty}(1+r)^{-i}c_t = (1+r)a_t + \sum_{i=0}^{\infty}(1+r)^{-i}E[y_{t+i}] \qquad (2.9)$$

となるので、(2.9)式を整理することで(2.6)式を得る。

次に消費の変化は、どのように決定されるかを見て見よう。まず、(2.6)式のa_tに(2.2)式を代入し、整理すると以下の(2.10)式が得られる。

$$\begin{aligned}c_t &= \frac{r}{1+r}[(1+r)(a_{t-1}+y_{t-1}-c_{t-1}) + \sum_{i=0}^{\infty}(1+r)^{-i}E_t[y_{t+i}]] \\ &= r(a_{t-1}+y_{t-1}-c_{t-1}) + \frac{r}{1+r}[\sum_{i=0}^{\infty}(1+r)^{-i}E_t[y_{t+i}]] \quad (2.10)\end{aligned}$$

(2.10)式を一期ずらし$(1+r)$をかけ、rc_{t-1}を右辺へ移行すると次の(2.11)式が得られる。

$$c_{t-1} = r[a_{t-1} - c_{t-1} + \sum_{i=0}^{\infty}(1+r)^{-i}E_{t-1}[y_{t+i-1}]] \qquad (2.11)$$

[2] マーティンゲール仮説の検定

(2.10)式から(2.11)式を引いて整理すると、消費の変化(Δc_t)は、(2.12)式で与えられる。

$$\Delta c_t = (\frac{r}{1+r}) \sum_{i=0}^{\infty} (1+r)^{-i} [E_t(y_{t+i}) - E_{t-1}(y_{t+i})] \qquad (2.12)$$

それゆえ消費の変化は、t期と$t-1$期における期待所得の予測誤差で決定されているのである。

[2]では、このマーティンゲール仮説への幾つかの代表的な検定方法の紹介をおこなう。

[2] マーティンゲール仮説の検定

[2.1] 直交性の検定

期待は、Muth(1961)によって示されたように合理的に形成されるとする。Muth(1961)による合理的期待とは、条件付けられた時点における全ての情報を用いて期待形成を行なうものである。

利子率と時間割引率が等しいとの仮定の下で、Hallのマーティンゲール仮説は既述のように以下の(2.13)式のように表わされる。

$$E_t[c_{t+1}] = c_t \qquad (2.13)$$

c_{t+1}の実現値は期待値に対して予測誤差を持つので、以下の(2.14)式が導かれる。

$$\begin{aligned} c_{t+1} &= E_t[c_{t+1}] + u_{t+1} \\ &= c_t + u_{t+1} \end{aligned} \qquad (2.14)$$

ゆえに消費の階差を取ると、以下の(2.15)式が導出される。

$$\Delta c_{t+1} = u_{t+1} \qquad (2.15)$$

このとき、(2.13)式においてc_{t+1}は、t期のすべての情報を用いて、期待形成が行なわれている。それゆえt期までの情報はすべてc_tに含まれている。そこでこの性質を用いてマーティンゲール仮説の検定に利用したのが「直交性の検定」である。もしt期以前の変数が、Δc_{t+1}に対して説明変数と

して説明力を持つならば、家計は合理的期待を行っていないことになる。

しかし、仮に合理的期待形成にもとづいて家計が消費行動を行なっていたとしても、1期前の変数については、時間集計バイアス、測定誤差が生じている際、あるいは消費が耐久性をもつ時には1期前の変数と予測誤差との無相関が満たされない。この点に関しては、本章の補論において検討をおこなう。

[2.2] excess sensitivity

Hallのマーティンゲール仮説が成立しているならば、[2.1]の「直交性の検定」で見たように、消費の階差は、過去の所得に影響を受けない。

Flavin(1981)は、消費の階差の系列が予測しうる所得の変化にも反応していること、つまり消費が過剰に反応していることを示した。これは、「excess sensitivity」と呼ばれる。この関係を用いてFlavinは、Hallのマーティンゲール仮説を棄却した。この excess sensitivity とは次のようなものである。

簡単化のために、所得が以下のような1次の自己回帰過程(AR(1))に従うとする。

$$y_t = \mu_1 + \delta y_{t-1} + \varepsilon_{1t} \qquad (2.16)$$

もし(2.16)式において$\delta < 1$が成り立っていれば、次式のような移動平均過程(MA(∞))であらわすことができる。

$$y_t = \mu_1 + \varepsilon_{1t} + \delta\varepsilon_{1t-1} + \delta^2\varepsilon_{1t-2} + \delta^3\varepsilon_{1t-3} + \cdots\cdots \qquad (2.17)$$

ここでμ_1は、平均所得である。もし恒常所得仮説にしたがっていれば、消費の変動は、(2.12)式より、

$$\Delta c_t = \left(\frac{r}{1+r}\right)\sum_{i=0}^{\infty}(1+r)^{-i}[E_t(y_{t+i}) - E_{t-1}(y_{t+i})] \qquad (2.18)$$

との予期せぬ所得の変動であらわされる。(2.16)式より、

[2] マーティンゲール仮説の検定

$$\sum_{i=0}^{\infty}[E_t(y_{t+i})-E_{t-1}(y_{t+i})]=\sum_{i=0}^{\infty}\delta^i\varepsilon_{1t} \quad (2.19)$$

が成立するので、(2.18)式は、以下のように表すことができる[7]。

$$\Delta c_t=\frac{r}{1+r}\Psi\varepsilon_{1t} \quad (2.20)$$

ここで、$\Psi=\sum_{i=0}^{\infty}(1+r)^{-i}\delta^i$ である。

一般には、所得系列は、Lをラグオペレーターとした時に、以下の(2.21)式のようにあらわすことができる。

$$A\{L\}y_t=a+\varepsilon_{1t} \quad (2.21)$$

このとき、消費の変動は、以下の(2.22)式となる。

$$A\{\frac{r}{1+r}\}\Delta c_t=\mu_2+\frac{r}{1+r}\varepsilon_{1t} \quad (2.22)$$

いまε_{1t}に含まれない、t期における情報で期待される将来所得の変動等による消費の変動をε_{2t}とすると、恒常所得仮説にしたがって消費が行われているならば、所得変動の予測値Δy_tを用いた以下の(2.23)式において、$\beta=0$となる。

$$\Delta c_t=\frac{r}{1+r}\Psi\varepsilon_{1t}+\beta\Delta y_t+\varepsilon_{2t} \quad (2.23)$$

ここで、(2.16)式より、$\Delta y_t=(\delta-1)y_{t-1}+\varepsilon_{1t}$ であるから、これを(2.23)式に代入すると、以下の(2.24)式が得られる。

$$\begin{aligned}\Delta c_t &=\mu_2+(\frac{r}{1+r}\Psi+\beta)\varepsilon_{1t}+\beta(\delta-1)y_{t-1}+\varepsilon_{2t}\\ &=\mu_2+\beta(\delta-1)y_{t-1}+v_t\end{aligned} \quad (2.24)$$

ここでμ_2は消費の変化の期待値である。(2.24)式は Hall(1978)における直交性の検定と同じ推定式である。Flavin(1981)は、この(2.24)式と(2.16)式を同時に完全情報最尤法を用いて、$\beta=0$か否かの検定をおこなっている。

Flavin(1981)は所得を8次の自己回帰過程に従うとして推定を行なった

結果、$\beta=0$ が棄却されるとの結論を得ている。つまりマーティンゲール仮説が棄却されたのである。Flavin(1981)は、この原因として効用最大化を行なっていない rule of thumb（所得をそのまま消費する人々）、または流動性制約に直面している人々の存在があげられるとしている[8]。

Flavin(1981)の分析は、2次の効用関数を仮定したものであるが、Zeldes(1989)は期待効用仮説を用いた際、効用関数の3次導関数が正であるならば excess sensitivity が生じることをしめしている。これについては4章の「予備的貯蓄」において再度検討をおこなう。また Mankiw and Shapiro (1985)は、もし所得が非定常ならば偽の excess sensitivity が生じやすいとの結果を得ている。

[2.3] excess smoothness[9]

恒常所得仮説が成り立っているとき、恒常所得の定義より、消費の分散と恒常所得の分散は等しくならなければならないはずである。しかし Deaton(1987)は、可処分所得が difference stationary ならば、恒常所得仮説に従う消費は、可処分所得よりも分散が大きくなければならないにもかかわらず、通常その分散が小さいことから、このことを「excess smoothness」と呼んでいる。これが"Deaton Paradox(Deatonの逆説)"である。

Campbell and Deaton(1989)は、所得の系列と消費の系列から excess smoothness の検証を行っている。例えば、所得の系列が、

$$\Delta y_t = \alpha + 0.5\Delta y_{t-1} + \varepsilon_t \tag{2.25}$$

となるならば、(2.21)式にしたがってあらわすと、

$$A(L) = (1-L)(1-0.5L)$$
$$= 1 - 1.5L + 0.5L^2$$

となる。それゆえ消費の変動は、(2.22)式より、以下の(2.26)式のようにあらわすことができる。

$$\Delta c_t = \left\{ \cfrac{1}{1 - 1.5\left[\cfrac{1}{1+r}\right] + 0.5\left[\cfrac{1}{1+r}\right]^2} \right\} \left[\cfrac{r}{1+r}\right] \varepsilon_t$$

$$= \left\{ \cfrac{1}{1 + 0.5\left[\cfrac{1}{1+r}\right]} \right\} \varepsilon_t \tag{2.26}$$

それゆえ、現在所得が difference stationary であるならば、以下のように、恒常所得の分散は現在所得の分散よりも大きくなるはずである。

$Var(\Delta y_t^p) \geq Var(\Delta y_t)$

つまり、消費の分散は、現在所得の分散よりも大きくなっていなければならない。このことは、消費の分散が可処分所得の分散に対して小さいという事実に反するのである[10]。

[2.4] 共和分検定

Campbell(1987)は、恒常所得仮説が成立しているならば、可処分所得と消費の間に共和分関係が存在することを用いてマーティンゲール仮説の検定を行っている。

貯蓄は以下のように定義される。

$$S_t = y_t + rA_t - c_t \tag{2.27}$$

ただしここで A_t は、t 期首で定義される非人的資産である。それゆえ貯蓄は非定常変数の線型結合である。これに対し、恒常所得仮説に従う消費は、恒常所得に等しい。いま資産が t 期首で定義されていることを考慮すると、(2.6)式より、以下の(2.6)′式が導かれる。

$$c_t = rA_t + \frac{r}{1+r}\sum_{i=0}^{\infty}(1+r)^{-i}E_t[y_{t+i}] \tag{2.6}′$$

これを(2.27)式に代入することで、以下のように整理することができる。

第2章　マーケティンゲール仮説

$$S_t = y_t - \frac{r}{1+r}\sum_{i=0}^{\infty}\left(\frac{1}{1+r}\right)^i E_t y_{t+i}$$

$$= -\frac{r}{1+r}\left[\sum_{i=0}^{\infty}\left(\frac{1}{1+r}\right)^i E_t y_{t+i} - \frac{1+r}{r}y_t\right]$$

$$= -\frac{r}{1+r}\left[\sum_{i=0}^{\infty}\left(\frac{1}{1+r}\right)^i (E_t y_{t+i} - y_t)\right] \quad (2.28)$$

ここで括弧内は、(2.29)式のように整理できる。

$$\sum_{i=0}^{\infty}\left(\frac{1}{1+r}\right)^i [E_t y_{t+i} - y_t] = \frac{1}{r}\left[\sum_{i=1}^{\infty}\left(\frac{1}{1+r}\right)^{i-1} E_t \Delta y_{t+i}\right] \quad (2.29)$$

これを代入することで以下の(2.30)式および(2.31)式が導出される。

$$S_t = -\frac{r}{1+r}\cdot\frac{1}{r}\left[\sum_{i=1}^{\infty}\left(\frac{1}{1+r}\right)^{i-1} E_t \Delta y_{t+i}\right] \quad (2.30)$$

$$S_t = -\sum_{i=1}^{\infty}\left(\frac{1}{1+r}\right)^i E_t \Delta y_{t+i} \quad (2.31)$$

(2.31)式より所得が difference stationary であるならば、貯蓄は定常であり、最初の定義より、可処分所得と消費は、共和分関係にあるはずである。これが Campbell(1987) による共和分検定である[11]。

それゆえ将来所得の減少が予想される時($\Sigma E_t \Delta y_{t+i} < 0$)は、貯蓄($S_t$)が増加するのである。このことを"savings for raining day"と呼ぶ。

さらに、このモデルに含まれるインプリケーションについて考察をおこなう。(2.31)を一期前にずらして、($1+r$)をかけたものを(2.31)式から引くことで、以下の(2.32)式が得られる。

$$S_t - (1+r)S_{t-1} = y_t - y_{t-1} - \frac{r}{1+r}\sum_{i=0}^{\infty}\left(\frac{1}{1+r}\right)[E_t y_{t+i} - E_{t-1} y_{t+i}]$$

$$= \Delta y_t - \frac{r}{1+r}\sum_{i=0}^{\infty}\left(\frac{1}{1+r}\right)[E_t y_{t+i} - E_{t-1} y_{t+i}] \quad (2.32)$$

それゆえ、合理的期待下において、右辺第2項は$t-1$期からt期にかけて

[2] マーティンゲール仮説の検定

の将来所得の予測の改定であるため、それ以前の情報と相関を持たないことがわかる。つまり $t-1$ 期から t 期にかけての貯蓄の変動は、所得の変動および $t-1$ 期から t 期にかけての将来所得の予測の改定によって説明されるのである。

第2章　マーケティンゲール仮説

補論　系 列 相 関

　消費の階差あるいは変化率を用いて操作変数法により推定を行う際には、操作変数として、1期前の変数を除き、2期以前の変数を使うべきであると言われている。これは、家計が恒常所得仮説にしたがってはいないとの理由とはまったく別に、データ上、あいるは定義上生じる攪乱項のMA(1)過程の相関によるものである。

　この要因として代表的なものに時間集計バイアス、測定誤差、選好ショック、消費の耐久性が挙げられる。それぞれの系列相関の要因は、性質を異にするものであり、系列相関、ここでは特にMA(1)過程が生じた攪乱項は、どのような変数に影響を受けるかについては、それぞれに異なる。

　そこでこれらの要因がどのように系列相関を生むか、またどのような過去の変数と攪乱項が相関するのかについて考察していく。

［A］　時間集計バイアス[12]

　時間集計バイアスの修正方法について Haug(1991) に依拠して説明する。消費がランダムウォークに従っており1期間内に s 回消費者が消費の決定を更新するとする。

$$C_{tn} = c_t + c_{t+1} + \cdots\cdots + c_{t+s-1}$$

$$C_{tn-1} = c_{t-1} + c_{t-2} + \cdots\cdots + c_{t-s}$$

ドリフトのないランダムウォークに従っているとするならば、以下のように表しうる。

$$C_{tn} = c_t + (c_t + u_{t+1}) + \cdots\cdots + \left(c + \sum_{i=1}^{s-1} u_{t+i}\right)$$

$$C_{tn-1} = (c_t - u_t) + (c_t - u_t - u_{t-1}) + \cdots\cdots + \left(c_t - \sum_{i=0}^{s-1} u_{t-i}\right)$$

この集計された消費のデータの階差をとると次のような系列となる。

$$\Delta C_{tn} = (s-1)u_{t+1} + (s-2)u_{t+2} + \cdots + u_{t+s-1}$$
$$+ su_t + (s-1)u_{t-1} + \cdots + u_{t-s+1}$$

それゆえ、このΔC_{tn}の分散共分散はそれぞれ、次のように表しうる。

$$\mathrm{var}(\Delta C_{tn}) = \frac{(2s^2+1)s\sigma^2}{3}$$

$$\mathrm{cov}(\Delta C_{tn}, \Delta C_{tn-1}) = \frac{(s^2-1)s\sigma^2}{6}$$

したがって1次の自己相関関数は、次のとおりである。

$$r(1) = \frac{(s^2-1)}{4(s^2+1)}$$

ここでsは、集計された時間の数であるから、仮に消費者が消費の決定を無限に更新するならば、

$$r(1) = 0.25$$

となる。このことはu_tが1次のMA過程に従っていることをしめしている ($u_t = e_t - ae_{t-1}$)。このときパラメータaは、1次の相関係数が

$$r(1) = \frac{-a}{1+a^2}$$

であるから、-0.268となる。

次に時間集計バイアスによる系列相関の除去の方法について検討する。前述の議論に従えば、時間集計バイアスによる系列相関の除去のためのフィルターは、$(1+0.268L)^{-1}$となる。Hayashi and Sims(1983)では、このフィルターを後方の数値を切り捨ててかけると、一致推定量とならないことから、直交性を考慮して前方へのフィルター$(1+0.268L^{-1})^{-1}$をもちいることが望ましいとしている。それゆえ時間集計された変数に対して、前方へのフィルターを用いることで時間集計バイアスによる系列相関を除去することができるのである[13]。

［B］ 測定誤差

測定誤差が、分散一定で互いに相関がない(i.i.d)と仮定すると、測定誤差を含むデータの階差は、負の相関をもつ[14]。以下、林(1986)にしたがって測定誤差による誤差項間の相関について検討をおこなう。

観測されるデータ系列をX_t、真の値をx_t、測定誤差をu_tとするならば、観測されるデータ系列Xは、

$$X_t = x_t + u_t$$

となる。いま真の系列x_tがランダムウォークに従うならば(但し測定誤差u_tは、ホワイトノイズであり、x_tのイノヴェーションとは、無相関である。)、このデータの一階の階差をとった自己分散共分散はそれぞれ、

$$\mathrm{var}[(x_{t+1}+u_{t+1}-x_t-u_t)] = 2\sigma^2$$
$$\mathrm{cov}[(x_{t+1}+u_{t+1}-x_t-u_t),\ (x_t+u_t-x_{t-1}-u_{t-1})] = -\sigma^2$$

となる。それゆえ、一次の自己相関係数は、

$$r(1) = \frac{-\sigma^2}{2\sigma^2} = -0.5$$

となり負の相関を持つ。この測定誤差による系列相関は、期待形成とは無関係であり、それぞれの変数間の測定誤差が無相関ならば、消費の階差のラグ変数とのみ相関を持つ。

［C］ 選好ショック

Attanasio(1998)が述べているように、観測不能なシフトパラメータ、いわゆる選好ショックb_tを以下のように効用関数に含むケースを考える。但しシフトパラメータは、i.i.d.を仮定する。

$$U[c_t, b_t] = -\frac{1}{\sigma}\exp[-\sigma(c_t - b_t)]$$

このとき、消費の一階の条件は、

$$\frac{1+r}{1+d}E_t\{\exp[-\sigma(c_{t+1}^i - b_{t+1}^j)]\} = \exp[-\sigma(c_t^i - b_t^j)]$$

であるから、誤差項は、選好ショックの変化を含む。

$$\Delta c_{t+1} = \alpha + e_{t+1}$$

ここで、$e_{t+1} = \Delta b_{t+1} + u_{t+1}$ である。それゆえ、Δb_{t+1} と Δb_t との相関によって、誤差項間の相関が生じるのである。それゆえ t 期の選好ショックと相関をもつ変数は、誤差項と相関をもつ。

[D] 消費の耐久性

Mankiw(1982)は、耐久消費財を用いて最適化経路の分析を行った際、効用関数に2次関数を仮定した場合にも明らかに系列相関生じること、消費の階差がMA(1)に従うことを以下のように示している。

耐久消費財からのサービスフローが、耐久消費財ストック(K)の一定割合であるとする。このとき家計の最大化目的は、以下のとおりである

$$U = E_t\left[\sum_{i=0}^{\infty}(1+d)^{-i}u_{t+i}(K_{t+i})\right]$$

τ を t 期から $t+1$ 期にかけての減耗率とし、指数的に減耗すると仮定すると、家計は以下の制約式の下で効用最大化を行なうこととなる。

$$a_{t+1} = (1+r)(a_t + y_t - (K_t - (1-\tau)K_{t-1}))$$

それゆえ耐久消費財に関する一階の条件は、

$$E_t u'(K_{t+1}) = \left[\frac{(1+d)}{(1+r)}\right]u'(K_t)$$

となる。効用関数に2次関数を、また簡単化のため利子率と時間割引率が等しいと仮定すると、上記の1階の条件より以下が導かれる。

$$\Delta K_{t+1} = u_{t+1}$$

耐久消費財ストックと支出額(cd)との関係は、減耗率が τ のもとで、以下のように表すことができる。

第2章 マーケティンゲール仮説

$$K_t = (1-\tau)K_{t-1} + cd_t$$

$$= \frac{1}{1-(1-\tau)L}cd_t$$

ここでLは、ラグオペレーターをあらわす。これを先の式に代入すると、

$$\Delta cd_{t+1} = u_{t+1} - (1-\tau)u_t$$

となり、消費のデータが耐久性をもつ場合には、誤差項が負の相関(MA(1))を生じる。Hayashi(1985)では、指数型の減耗を仮定することなく、より一般的に負の相関が生じることをしめしている。

---

1) 日本におけるこれらの研究を網羅したものに溝口(1988)がある。
2) これらの家計の消費行動における仮定について簡潔にまとめたものにSpeight(1990)がある。
3) 2番目の仮定は用いられることが多いが、利子率の変動は、経済変数の中でも、volatileであると考えられるため強い仮定といえよう。
4) PI-LC(恒常所得＝ライフサイクル)仮説とも呼ばれるが、ここでは恒常所得仮説と統一する。
5) あるいは、s.t. $\sum_{i=0}^{\infty}(1+r)^{-i}E_t[y_{t+i}-c_{t+i}]=(1+r)a_t$
6) これに対し、フリードマンは「恒常所得成分は期待生涯所得と同一視されるべきではなく、それ自身年齢とともに変化するものと考えられる。それは特定の年齢において当該消費単位が恒常的と考えている平均所得と解釈されなければならないものであり、それは消費単位の先見期間および将来に対する考慮の程度に依存する……」(宮川・今川訳)とし、家計の将来所得に対する視野は無限とはしていない。
7) 解説を容易にするため、Flavin(1981)では、Ψの代りに$\Phi = \sum_{i=0}^{\infty}(1+r)^{-(i+1)}\delta^i$を用いている。
8) 流動性制約に直面している場合、消費は現在所得に制約を受ける。そのため消費の階差は所得の階差に比例する。流動性制約の存在についてはHayashi(1982)が非線型操作変数法による推定を行い、アメリカにおいて約10％が流動性制約を受けているとの結果を得ている。日本においてこのモデルを用いて竹中・小川(1987)が流動性制約の割合を推定した結果、約23％が流動性制約を受けているとの結果を得ている。北坂(1991)は所得階層別データを用いて、特に

[D] 消費の耐久性

低所得層に流動性制約が存在するとの結果を得ている。また新谷(1994)はクレジットカードの保有状況のデータを使って検証した。その結果、約30%の家計がなんらかの流動性制約を受けていた。
9) Campbell and Deaton(1987)、Flavin(1993)は、excess smoothnessをexcess sensitivityが生じている時の十分条件であることを示している。
10) 日本においてexcess smoothnessの検証をおこなったものにShintani(1996)がある。
11) 日本において共和分検定をおこなったものにShintani(1994)がある。
12) Ermini(1989)は時間集計バイアスと測定誤差の両方が存在することで偶然ホワイトノイズとなり系列相関に注意を払わなくてもよくなることがあることを指摘している。
13) Haug(1991)で用いた前方へのフィルターは、以下である。
$$X_t = \Delta C_{nt} - 0.268\Delta C_{nt+1} + (0.268)^2 \Delta C_{nt+2}$$
このフィルターをもちいることで*Haug*(1991)は、アメリカにおいて*Hall*のランダムウォーク仮説が成立しているとの結果を得ている。
14) 例えば、*Hall and Mishkin*(1982)、林(1986)。

第3章　利子率の消費の経路への影響

　Hall (1978) は、マーティンゲール仮説の前提条件として、効用関数が二次関数であり、利子率と割引率は一定であるとの仮定をたてた。これに基づいて、合理的期待下で恒常所得仮説が成立するとき、消費は前期の消費のみの関数となる。その変化は新しい情報のみに影響を受けて変化するマーティンゲール過程に従うことをしめした。それゆえ合理的期待の下では誤差項は前期のいかなる情報に対しても独立でなければならない。

　Hallのマーティンゲール仮説は、第2章で検討したように、直交性の検定、excess sensitivity、excess smoothness等によってその妥当性が検証されてきた。しかしマーティンゲール仮説は、多くの厳しい前提条件を置いており、そのために上記の直交性の検定をはじめとする大部分の検証においてマーティンゲール仮説は棄却されている。

　そこで本章では、マーティンゲール仮説に仮定されている利子率一定の仮定について検討を行う。マーティンゲール仮説においては、利子率は一定と仮定されているが、利子率が上昇すれば、現在の消費をより多く貯蓄へまわし、将来の消費へとシフトさせようとする異時点間の代替効果を通じて、現在の消費と次期の消費の比率に変化が生じるであろう。事実、日本における利子率の変動は、一定と仮定できるほど小さいとは言えない。それゆえ利子率の変動による消費の経路への影響は無視しえないものと考えられる。

　この利子率の変化による消費の変動は、消費の異時点間の代替の弾力性の大きさに依存して生じるものである。例えば、異時点間の代替の弾力性が大きければ、利子率の変化は、消費に対して大きな変動をもたらすので

第3章 利子率の消費の経路への影響

ある。そこで、利子率の変動を考慮することによって起こる消費の変動への効果の大きさをあらわす異時点間の代替の弾力性の推定をおこなう。

　異時点間の代替の弾力性は、貯蓄の利子弾力性に影響を与える。このことは、もし異時点間の代替の弾力性が大きければ、利子課税の負担が消費者に大きく影響することを意味する。それゆえ、最適な課税がどのようなものであるべきかという視点からも異時点間の代替の弾力性を推定することは重要である。

　ところで異時点間の代替の弾力性は、指数型の時間選好因子の下で[1]、期待効用仮説を用いた際、相対的リスク回避度の逆数と等しくなる[2]。仮に異時点間の代替の弾力性が零であるならば、リスク回避度は無限大となる。しかしその場合、危険資産を保有する行為が説明できないという問題が生じる。

　Hall (1988) は、Selden (1978) のOCEモデルを用いることで、異時点間の代替の弾力性と相対的リスク回避度の逆数を区別し、利子率の消費の経路への影響を異時点間の代替の弾力性と明示して推定を行っている。またEpstein and Zin (1991)は、Kreps and Porteus (1978)にもとづき、異時点間の代替の弾力性と相対的リスク回避度の逆数のパラメータを別個に推定している。これらは、いずれも期待効用仮説に基づくものではないことから、Non-expected utility modelと呼ばれている。

　本章の構成は、以下のとおりである。[1] においては通常用いられる期待効用仮説における研究を渉猟し、[2] においてはHall (1988) のモデルの推定を行う。そして [3] において Epstein and Zin (1991)モデルの推定を行う。[4] においては Hall (1988) モデルと Epstein and Zin (1991)モデルの比較を行う。

[1] 期待効用仮説における消費と利子率

　Hallのマーティンゲール仮説が棄却される要因が利子率一定の仮定であ

44

[1] 期待効用仮説における消費と利子率

ると考えて、利子率を可変な変数とした研究がある。これらの研究の多くは、相対的リスク回避度一定の効用関数を仮定し、期待効用仮説のもとで消費者の異時点間の効用最大化問題をとりあげている。

利子率が可変な場合の消費者の最大化問題は、以下のとおりである。

$$max \quad U = E_t \left[\sum_{i=0}^{T-t} (1+d)^{-i} u(c_{t+i}) \right] \quad (3.1)$$

$$s.t. \quad a_{t+i+1} = (1+r_{t+i+1})(a_{t+i} + y_{t+i} - c_{t+i}) \quad (3.2)$$

ここで、c_tはt期における実質消費を、y_tはt期における実質労働所得を、a_tはt期における非人的資産をあらわす。またdは時間割引率を、r_tはt期に実現する実質利子率をあらわす。上記の問題の消費に関する一階の条件は以下のとおりである。

$$E_t \left[\left[\frac{1+r_{t+1}}{1+d} \right] u'(c_{t+1}) \right] = u'(c_t) \quad (3.3)$$

ここで効用関数にCRRA型の効用関数（$c^{1-\sigma}/1-\sigma$）を仮定すると、消費の異時点間の最適化経路は、以下の(3.4)式となる。

$$E_t \left[\frac{1+r_{t+1}}{1+d} \left[\frac{c_{t+1}}{c_t} \right]^{-\sigma} \right] = 1 \quad (3.4)$$

ここでσは、異時点間の代替の弾力性の逆数かつ相対的リスク回避度となっている。

以下、このモデルを用いて推定を行った研究の紹介を行う。実際の推定においては、時間選好因子についての分析の関心が薄いので、(3.4)式の対数を取ることで、以下のような推定式を得る。消費の成長率と利子率に多変量対数正規分布を仮定するケースについては、4章で考察する。

$$\log \left[\frac{c_{t+1}}{c_t} \right] \cong \frac{1}{\sigma} [r_{t+1} - d] + \varepsilon_{t+1} \quad (3.5)$$

これを整理すると、次の(3.6)式が導出される。

$$\Delta \log c_{t+1} = \beta_0 + \beta_1 r_{t+1} + \varepsilon'_{t+1} \quad (3.6)$$

第3章　利子率の消費の経路への影響

　ここで、誤差項ε'_tは、消費と利子率の予測誤差の両方を含む。それゆえ説明変数に用いられた実現した利子率と誤差項が相関を持つため[3]、推定には操作変数法を用いる必要がある。

　以上のモデルを用いて異時点間の代替の弾力性を最初に推定したのがMankiw (1981) である。Mankiwは、アメリカにおいて異時点間の代替の弾力性の推定を行った。その結果、アメリカにおける異時点間の代替の弾力性は、0.252であり、5％の有意水準では棄却されるが10％の有意水準では有意な結果を得ている。しかし推定式に、1期前の消費の成長率を説明変数に加えた場合と1期前の所得の成長率を加えたいずれの場合にも有意に説明力持った。Mankiw (1981) のモデルをパネルデータを用いて推定を行ったのがShapiro (1984) の研究である。Shapiroの推定によれば、異時点間の代替の弾力性は有意ではなく、またMankiwと同様に、所得のラグ変数が説明変数として有意であることから、利子率を一定と仮定したマーティンゲール仮説が棄却されるとの結論を導いている。Campbell and Mankiw (1989, 1990, 1991) は、以下のように流動性制約を考慮して推定を行ったが、異時点間の代替の弾力性はやはり有意ではないとの結果を得ている。Campbell and Mankiwは、流動性制約に直面する世帯は、消費と所得が等しいことを利用し、全体のうちλが流動性制約に直面しているとした。つまり、$(1-\lambda)$が(3.6)式に従って消費をおこなっていると考え、以下の推定式を推定している。

$$\Delta \log c_{t+1} = (1-\lambda)\beta_0 + (1-\lambda)\beta_1 r_{t+1} + \lambda \Delta \log y_{t+1} + \varepsilon'_{t+1}$$

　さらにCampbell (1991) は、アメリカ・イギリス・カナダ・フランス・日本・スウェーデンの6ヶ国について同様の推定を行ない、利子率の消費の経路への影響はほとんど見られなかったと述べている。この中でCampbellは、日本において流動性制約の存在は棄却されたとの結果を得ている。一方、Mankiw, Rotemberg and Summers (1985) は、労働供給との同時決定モデルをもちいて異時点間の代替の弾力性の推定を行った。それによれ

ば、異時点間の代替の弾力性は3.03であり、かつ有意であるとの結果を得ている。

　日本においては、小川 (1985) が住宅の投資行動を考慮したモデルを用いて、異時点間の代替性の推定を行なっている。小川は、オイラー方程式に複雑な攪乱項の相関がないものと仮定し、非線型最小二乗法によって異時点間の代替の弾力性はいずれも3前後であるとの結果を得ている。また小川 (1986) では、Mankiw and Rotemberg and Summers (1985) のモデルを用いて、消費と労働の同時決定モデルを非線型最小二乗法によって推定している。この中で異時点間の代替の弾力性は、約0.3から3の間で有意であるとの結果を得た。しかし小川 (1990) では、Miron (1986) の指摘をうけ、季節変動が選好の違いによってもたらされているものであるとし、月次データにダミー変数を加えた推定式を操作変数法によって推定をおこなった。その結果、異時点間の代替の弾力性はほぼ零であるとの推定結果を得ている。

　しかし相対的リスク回避度と異時点間の代替の弾力性の逆数との関係は、経済学的な意味付けはない。これは指数型の時間選好因子の下で、期待効用仮説に基づいているときにおこる関係である。そこで [2] では、期待効用仮説に基づかないNon-expected Utilityのモデルの中から、代表的な実証モデルとして、Hall (1988) と Epstein and Zin (1991) のモデルをとりあげる。Hall (1988) のモデルは、Selden (1978) のOCEフレームワークを用いることで、利子率の消費への影響はリスク回避度の逆数ではなく、異時点間の代替の弾力性であることを指摘している。また Epstein and Zin (1991) は、Kreps and Porteus (1978) のフレームワークにもとづき、これら2つを個々独立に推定している。

[2] Hall (1988) のモデル

Selden (1978) のOCE (The Ordinal Certainty Equivalent Hypothesis) にもと

第3章 利子率の消費の経路への影響

づいてHall (1988) は、利子率から消費の成長率への影響は、相対的リスク回避度の逆数ではなく、異時点間の代替の弾力性に依存することを示した。OCEのフレームワークに従えば、不確実な消費の確率分布に対して主体が完全な選好を持つ場合、異時点間の代替の弾力性とリスク回避度の逆数が等しい関係を保つ必要はない。この場合、家計の異時点間の効用最大化問題は、期待効用に代えて、確実性等価に依存してなされるのである。

Attanasio and Weber (1989)では、イギリスのデータを用いてHall (1988) モデルの推定を行い、得られた異時点間の代替の弾力性の値を用いて相対的リスク回避度の推定を行っている。Cabarello (1988) は、Hall (1988) の異時点間の代替の弾力性が零であるという結論を検証するために、残差項の相関を用いて検証している。利子率の変動による所得効果は正の相関を、異時点間の代替の弾力性に依存する代替効果は負の相関をもつ。推定の結果 $t-8$ 期において負の相関が見られたが、その大きさは小さくHall (1988) の結果は正しいとの結論を得ている。Patterson and Pesaran (1992)は、流動性制約の存在を考慮してHall (1988)のモデルをイギリスのデータをもちいて検証した。その結果、誤差項間の相関は時間集計バイアスではなく、流動性制約の存在を無視したためであるとの結論を得ている。

[2.1] Selden (1978) の OCE 表現

上述のように、通常、不確実性を考慮した異時点間の効用最大化問題においては、期待効用仮説が用いられる。このとき異時点間の代替の弾力性は、相対的リスク回避度に依存している。Selden (1978) は、OCE表現を用いて不確実性を伴う異時点間の選好を表している。

2期間モデルを想定した場合、効用最大化問題において、第1期目の消費は確実な消費であるが、第2期目における消費は不確実な消費となる。この第2期目における不確実な消費の確率分布をもとに、家計が完全な選好を持つと仮定する。例えば第1期の消費が $c1'$ かつ第2期の消費の分布関

[2] Hall (1988) のモデル

数がFであるケースおよび第1期の消費が$c1''$かつ第2期の消費の分布関数がHであるケースを想定する。この場合に、前者が好まれるという、完全な選好のプレオーダー $(c1', F) \succ (c1'', H)$ が存在するとする。この場合、OCEのフレームワークを用いることで、以下のように選好の関係を表わすことができる。ここで用いる記号の説明は、以下のとおりである。

F, H：2期目の不確実な消費に対する累積分布関数

F^*, H^*：ワンポイント累積分布関数（ある数値が確率1をとる分布）

いまF, Hと同じ選好をもたらすF^*, H^*が存在し、$(c1', F)$が$(c1'', H)$よりも好まれるという選好関係$(c1', F) \succ (c1'', H)$を$\Phi(c1', F) \geq \Phi(c1'', H)$と変換できるベルヌーイ・インデックス$\Phi$が存在するとする。この場合$F^*$と$F$とは、同じ選好をもつので、(3.7)式を導きうる。

$$\Phi(c1', F^*) = \Phi(c1', F) \qquad (3.7)$$

(3.7)式から、選好のプレオーダーは、Φによってあらわしうる。F^*は、Fと同じ効用をもたらす分布であり、ある1点において確率1をとるため、ある数値と捉えることができる。それゆえ確実性等価$c2^*$が導出し得ることから、(3.8)式を導くことができる。

$$(c1', F) \succ (c1'', H)$$
$$\leftrightarrow \Phi(c1', F^*) = V(c1', c2^*(c1', F))$$
$$\geq V(c1', c2^*(c1'', H)) = \Phi(c1'', H^*) \qquad (3.8)$$

そこでこの関係をもちいて、以下のように関数Uを定義しうる。

$$\Phi(c1', F^*) = V(c1', c2^*(c1', F))$$

但し、$c2^*(c1', F) = U_{c1'}^{-1} \int_{c2} U_{c1'}(c2) \, dF(c2)$

$$c2^*(c1'', H) = U_{c1'}^{-1} \int_{c2} U_{c1'}(c2) \, dG(c2)$$

ここで$U_{c1'}$は$c1'$で条件付けられた効用関数であり、リスク回避度によって決定される。それゆえ関数Vは、不確実性要因に直接には影響をうけな

第3章　利子率の消費の経路への影響

い。このことから第1のケースと第2のケースの間の選好のオーダーは、確実な第1期の消費と第2期の確実性等価によってあらわされる関数Vによってあらわしうるのである。それゆえ(3.9)式が導かれる。

$$(c1', F) \succ (c1'', H) \leftrightarrow V(c1', c2^*(c1', F)) \geqq V(c1'', c2^*(c1'', H))$$
(3.9)

これがOCE表現である。つまりOCE表現において、確実性等価の値は、関数Uのパラメータであるリスク回避度によって決定される。他方、第1期の消費と第2期の消費の代替性をしめす異時点間の代替の弾力性は、確実性等価を用いた関数Vによって決定されるのである。それゆえ、リスク回避度と異時点間の代替の弾力性の間に依存関係はないのである。

[**2.2**]　Hall (1988) のモデル

以上のSelden (1978) のOCEモデルを実証モデルに展開したのがHall (1988) である。Seldenのモデルは、1期目の消費による条件付分布を想定しているため、2期間モデルである。それゆえ家計は以下のような効用最大化問題に直面する。ただしHall (1988) においては、第一期の消費で条件付けられることのない、時間に関して加法分離性をもつ効用関数を仮定している。

$$max\ [V(c_t) + \beta V(c_{t+1}^*)] \tag{3.10}$$
$$s.t.\ U(c_{t+1}^*) = E[(Uc_{t+1})] \tag{3.11}$$
$$c_{t+1} = c_{t+1}^+ + Rc_{t+1}(c_t^+ - c_t) \tag{3.12}$$

ここでc_tは、t期における可変な実質消費を、c_t^+はt期における所与の実質消費を、またc_{t+1}^*は$t+1$期の実質消費の確実性等価をあらわす。$R_t = 1 + r_t$であり、r_tは、t期に実現する税引後実質利子率を表している。このとき確実性等価は、相対的リスク回避度によって決定されるので、以下のように定義することができる。

[2] Hall (1988) のモデル

$$c^*_{t+1} = U^{-1}E_t[U(c_{t+j})]$$
$$\equiv GE_t[U(c_{t+j})] \qquad (3.13)$$

(3.13)式を(3.10)式に代入し、c_tで微分して効用最大化条件を求めると、以下の(3.14)式が得られる。

$$\beta V'G'E_t[U'(c_{t+1})R_{t+1}] = V'(c_t) \qquad (3.14)$$

次に、Selden (1978) に従ってVとUの関数型が次のように独立であると仮定する。

$$U(c) = \frac{c^{1-\theta}}{1-\theta}$$

$$V(c) = \frac{c^{1-\alpha}}{1-\alpha}$$

ここでθは相対的リスク回避度を、$1/\alpha$は異時点間の代替の弾力性をしめすパラメータである。(3.14)式にこれを代入すると以下の(3.15)式のようになる。

$$\beta c^{*-\alpha}_{t+1} c^{*\theta}_{t+1} E_t(c^{-\theta}_{t+1}R_{t+1}) = c^{-\alpha}_t \qquad (3.15)$$

この(3.15)式を整理することで以下の(3.16)式が導きうる。

$$\beta E_t(c^{-\theta}_{t+1}R_{t+1}) = c^{-\alpha}_t c^{*\,\alpha-\theta}_{t+1} \qquad (3.16)$$

ここで確実性等価は、効用関数Vより、以下のように実質消費とリスク回避度のパラメータによってあらわすことができる。

$$c^*_{t+1} = [E_t(c^{1-\theta}_{t+1})]^{\frac{1}{1-\theta}}$$

これを(3.16)式に代入すると、(3.17)式のような確実性等価を除去してあらわすことができる。

$$\beta E_t(c^{-\theta}_{t+1}R_{t+1}) = c^{-\alpha}_t [E_t(c^{1-\theta}_{t+1})]^{\frac{\alpha-\theta}{1-\theta}} \qquad (3.17)$$

(3.17)式の両辺を$c_t^{-\theta}$で割って整理すると、(3.18)式となる。

$$\beta E_t\left[\left(\frac{c_{t+1}}{c_t}\right)^{-\theta} R_{t+1}\right] \cdot \left[E_t\left(\frac{c_{t+1}}{c_t}\right)^{1-\theta}\right]^{\frac{\theta-\alpha}{1-\theta}} = 1 \qquad (3.18)$$

ここで消費の成長率と利子率が、多変量対数正規分布に従うと仮定する

第3章　利子率の消費の経路への影響

ならば[4]、第一項は、(3.19)式となり、第2項は、同様に(3.20)式となる。

$$E_t\left[\left|\frac{c_{t+1}}{c_t}\right|^{-\theta}R_{t+1}\right] = \exp[-\theta E_t\{\log(c_{t+1}/c_t)\} + E_t\{\log(R_{t+1})\}$$

$$+\frac{1}{2}(\theta^2\sigma_c^2 + \sigma_r^2 - 2\theta\sigma_{cr})] \tag{3.19}$$

$$\left[E_t\left|\frac{c_{t+1}}{c_t}\right|^{1-\theta}\right]^{\frac{\theta-\alpha}{1-\theta}} = \exp[(\theta-\alpha)E_t\{\log(c_{t+1}/c_t)\}$$

$$+\frac{1}{2}(\theta-\alpha)(1-\theta)\sigma_c^2] \tag{3.20}$$

但しここでσ_c^2は$\log(c_{t+1}/c_t)$の分散を、σ_r^2は$\log(R_{t+1})$の分散を、またσ_{cr}は、$\log(c_{t+1}/c_t)$と$\log(R_{t+1})$の共分散をあらわす。これを(3.18)式に代入することで、以下の(3.21)式が得られる。

$$\beta\exp[-\alpha E_t\{\log(c_{t+1}/c_t)\} + E_t\{\log(R_{t+1})\}$$

$$+\frac{1}{2}\{(\theta^2 + (\theta-\alpha)(1-\theta))\sigma_c^2 + \sigma_r^2 - 2\theta\sigma_{cr}\}] = 1 \tag{3.21}$$

対数をとって整理すると、以下のようになる。

$$E_t\{\log(c_{t+1}/c_t)\} = \tau + \frac{1}{\alpha}E_t\{\log(R_{t+1})\} \tag{3.22}$$

但し、$\tau = \frac{1}{\alpha}[\log\beta + \frac{1}{2}\{(\theta-\alpha(1-\theta))\sigma_c^2 + \sigma_r^2 - 2\theta\sigma_{cr}\}]$

ゆえに推定式は、(3.23)式となる。

$$\Delta\log c_{t+1} = \tau + \frac{1}{\alpha}r_{t+1} + \varepsilon_{t+1} \tag{3.23}$$

(3.23)式より、利子率はリスク回避度の逆数ではなく、異時点間の代替の弾力性を通して消費の経路に影響を与えていることがわかる。また定数項は、消費と利子率の共分散に依存する。(3.23)式の誤差項は消費の成長

[2] Hall (1988) のモデル

率の予測誤差と利子率との予測誤差を含むので、操作変数法を用いる必要がある。

さらにHall (1988) は、与えられたデータを用いて推定する際の時間集計バイアスに留意して推定を行っている。Hallは、利子率を可変に扱った場合にも、以下のように同様の時間集計バイアスが生じることを示している[5]。

月に一度，消費の決定を更新すると仮定する。消費の変化が、全て$t-1$期の中の1期目、$C_{t-1,1}$からの変化であるとすると、(3.24)式となる。ただしここでは、簡単化のため定数項を省いている。

$$\Delta \log c_{t+1} = \frac{1}{3} \sum_{i=1}^{3(s-1)} \left(\frac{1}{\alpha} r_{t,s} + \varepsilon_{t,s} \right) + \frac{1}{3} \sum_{i=1}^{3(3-s+1)} \left(\frac{1}{\alpha} r_{t+1,s} + \varepsilon_{t+1,s} \right)$$

(3.24)

それゆえ以下のように利子率のデータを作成することで、異時点間の代替の弾力性を推定し得る。

$$r'_{t+1} = \frac{1}{3} \sum_{i=1}^{3(s-1)} r_{t,s} + \frac{1}{3} \sum_{i=1}^{3(3-s+1)} r_{t+1,s}$$

(3.25)

このr'_{t+1}を用いると、時間集計された消費の成長率は、以下の(3.26)式のように表すことができる。

$$\Delta \log c_{t+1} = \tau' + \frac{1}{\alpha} r'_{t+1} + \varepsilon'_{t+1}$$

(3.26)

ここで誤差項は、

$$\varepsilon'_{t+1} = \frac{1}{3} \sum_{i=1}^{3(s-1)} \varepsilon_{t,s} + \frac{1}{3} \sum_{i=1}^{3(3-s+1)} \varepsilon_{t+1,s}$$

(3.27)

であるから、1期前の変数は、操作変数に用いることができないのである。

第3章　利子率の消費の経路への影響

推定結果

(2.2.1)　データ

推定期間は、1972年第2四半期から1991年第3四半期までとした(標本数78)。消費には、非耐久消費財最終消費支出にサービス財最終消費支出を加えたものを期首の人口とデフレータで割ったものを用いた。非耐久消費財最終消費支出およびサービス財最終消費支出の季節調整値は公表されていないため、センサス局法ⅡX11によって作成した。利子率には、税引後実質利子率(1983年第2四半期以降については税率を20%と仮定した)を用いた。利子率は、全国都市銀行普通預金である。デフレータには、消費者物価指数を、可処分所得には、一人当り実質可処分所得を用いた。

(2.2.2)　推定結果

(3.24)式を用いたHall (1988)のモデルによる推定結果は、以下のとおりである。

操作変数には、定数項、$t-2$期の消費の成長率、$t-3$期の利子率、$t-2$、$t-3$期の有効求人倍率、$t-3$期の可処分所得をもちいた[6]。

DWはダービンワトソン比を、SはPagan-HallによるSargan統計量を示している。但し、( )内は標準誤差を[ ]内は自由度を表す。

$$\Delta \log c_t = 0.0083 + 0.183 r'_t \qquad DW = 2.24 \qquad S_{[6]} = 9.03$$
$$\quad\quad\quad (0.0013)(0.085)$$

以上の結果より、異時点間の代替の弾力性σは、通常の有意水準の下で零であることが棄却される。

しかし、Hall (1988)の想定するような時間集計が行われているとすれば、$t-1$期の変数は誤差項と相関を持つ。そこで$t-1$期の変数を用いて時間集計がなされているか否かを明らかにするために、操作変数に上記の推定で用いた変数に加えて、$t-1$期における消費の成長率、有効求人倍率、可処分所得をそれぞれあらたに個別に加えて推定を行った。その結果いずれの

推定においても、5％の有意水準で変数と誤差項との相関が棄却できなかった。これは、Hall (1988) のモデルにおける時間集計を支持するものであり、ここでもちいた全ての変数が、消費者の意思決定に影響をもたらしていることが棄却できないということである。

　以上の結果より、異時点間の代替の弾力性は、日本において有意であることが検証された。また異時点間の代替の弾力性は0.18と安定した結果が得られた。これは期待効用仮説を用いて推定を行った小川 (1985、1986) の研究による異時点間の代替の弾力性が、0.3から3との結果と比べ小さな値となっているが、アメリカにおけるHall (1988) の結論とは異なり有意な結果が検証されたのである。

　以上のHall (1988) のモデルによる推定結果を検討すると、以下のようにいえる。

　Hall (1988) は、OCEモデルを用いることで異時点間の代替の弾力性と相対的リスク回避度の逆数を区別し、利子率の消費の経路への影響を異時点間の代替の弾力性と明示して推定を行い、意思決定の更新が観測される消費のデータよりも短い一ヶ月であると仮定して、時間集計問題に注意を払っている。

　ここでは、$t-1$期の変数が誤差項と相関を持つか否かを検討することで、Hallのいうような意思決定の更新が行われているかについての検証を行った。その結果、Hallの時間集計モデルを支持する結果が得られた。また、Hallにおけるアメリカの結果とは異なり、日本においては、利子率が消費の経路へ影響を及ぼしていることが明らかとなった。

[3]　Epstein and Zin (1991)のモデル

　OCEモデルと同様に、Kreps and Porteus (1978)のモデルは、異時点間の代替の弾力性と相対的リスク回避度の逆数が等しいとの制約を置かないモデルである。彼らは、不確実性の解消のタイミングが、効用に影響を及ぼ

すと考えた。このモデルは、Epstein and Zin (1989, 1991) や Weil (1989, 1990) によって広く経済モデルとして用いられるようになった。Hall(1988) と同様に、異時点間の代替の弾力性と相対的リスク回避度は、全く関係づけられないとされている。

　Epstein and Zin (1989, 1991) にしたがってイスラエルの分析を行ったのがBufman and Leiderman (1992) である。この結果、イスラエルにおいて、リスク回避度と異時点間の代替の弾力性が等しいという制約は棄却された。それゆえ、イスラエルにおいては、この Epstein and Zin (1989, 1991) をもちいることが有用であるとの結果が得られている。

　この他、Epstein and Zin (1989, 1991) のモデルを用いた研究として Buffman and Leiderman (1993)、Campbell (1993) 等が挙げられる。また日本においても、Hamori (1994)、谷川 (1994)、堀 (1996) が、Epstein and Zin (1991) のモデルを用いて相対的リスク回避度および異時点間の代替の弾力性の推定を行っている。Hamori (1994)、谷川 (1994) では、収益率に短期金利を、マーケットポートフォリオに東証一部株式収益率を用いて推定している。Hamori (1994) では、日本におけるモデルの適用は妥当であるとの結果が得られている。しかし谷川 (1994) では、pricing kernel の取りうる範囲の検討を行った結果、得られたリスク回避度は肯定しうる限界を超えているとの否定的な結論を導いている。羽森(1996)では、マーケットポートフォリオをさらに広義に定義するため、収益率に、短期金融資産、国内債券、国内転換社債、国内株式、外国債券を用いた。またマーケットポートフォリオには、これらの加重平均である J-mix インデックスを用いている。この結果、安定した推定値が得られることを示している。しかし堀 (1996) は、さらに広義なマーケットポートフォリオを想定し、収益率に株式投資収益率、国債、コールレートを用いた。そしてマーケットポートフォリオにこれらの加重平均値を用いた場合にEpstein and Zin (1991) のモデルの日本への適応が困難であることを示している。

[3]　Epstein and Zin (1991)のモデル

　Epstein and Zin (1991)のモデルの最大の問題点は、マーケットポートフォリオをどのように取り扱うかである。そこでここでは、実物資産を考慮したキャピタルゲインをも含めた収益率をマーケットポートフォリオとした推定を行う。

[3.1]　Kreps and Porteus (1978)のモデル

　異時点間の問題における期待効用仮説に対立する仮説として、既述のSelden (1978) のモデルとならんでKreps and Porteus (1978)のモデルを挙げることができる。Kreps and Porteusは、不確実性の解消のタイミングに選好が生じる効用関数を提示したものである。

　彼らの例に従って、コイン投げによる賭けを想定する。表がでたときの第一期と第二期の受け取りはそれぞれ5と10であり、裏が出た場合には、5と0という受け取りが生じると仮定する。コイン投げを第一期に行っても第二期に行っても期待効用仮説では効用に差異は生じない。しかし第一期にコイン投げを行う場合に、第二期にコイン投げを行うよりも高い効用が得られる、あるいはその逆といったように、不確実性の解消のタイミングに選好が生じると考えたのがKreps and Porteus (1978)である。つまりある行動bによって、選択問題sが生じるとする。ここで選択肢s_1によるpayoffが確率αで$m(\alpha)$、$(1-\alpha)$の確率で$m(1-\alpha)$であると仮定する。それゆえ選択肢s_1の期待効用μは、以下のとおりである。

$$\mu = \alpha U[m(\alpha)] + (1-\alpha) U[m(1-\alpha)]$$

　ここで、t期に生じたpayoff m_tと行動bにおける最大の期待効用をもたらす選択肢s_iがt期の家計の効用最大化問題における目的関数となる。一方で期待効用は、効用関数のリスク回避度に依存するが、t期に生じたpayoff m_tと期待利得との関係を表す効用関数uは、以下のように定義される。

$$V_t = u_t(Y_t, m_t, E_b(V_{t+1})) = u_t(Y_t, m_t, \mu)$$

　ただしμは、ある行動bにおいて最大の期待効用をもたらす選択肢s_{it+1}の

期待効用である。このときuがμに関してconvexであるならば、早期に不確実性を解消するとこが好まれる。

それゆえKreps and Porteusのモデルは、不確実性の解消のタイミングの選好を表現し得るモデルといえる。Johnsen and Donaldson (1985)は、不確実性の選好のタイミングは、異時点間の代替性をしめす関数uの形状に依存すると指摘している。つまり不確実性の解消のタイミングの選好をあらわすことによって、相対リスク回避度と異時点間の代替の弾力性が、独立に定義されるのである。

[**3.2**]　Epstein and Zin (1991)のモデル[8]

Kreps and Porteus (1978)のフレームワークでは、不確実性解消のタイミングが効用に影響を与える。このことをうけて、Epstein and Zin(1991)では、効用関数に以下の(3.28)式のようなrecursiveな形状を用いた。つまり加法分離性を仮定していないということである。

$$U_t = W(c_t, \mu[\tilde{U}_{t+1}|I_t]) \tag{3.28}$$

ここで、c_tはt期における実質消費を、$\mu[\tilde{U}_{t+1}|I_t]$は、t期に条件づけられた(t期の情報を用いて期待形成された)確実性等価の値をしめす。この確実性等価の値は、消費のリスク回避度によって決定されるため、確率変数の確実性等価の値は、以下のようにあらわすことができる。

$$\mu[\tilde{x}] = [E\tilde{x}^\alpha]^{1/\alpha} \quad (0 \neq \alpha) \tag{3.29}$$

$$\mu[\tilde{x}] = \exp[E\log\tilde{x}] \quad (0 \neq \alpha) \tag{3.30}$$

ここでαは、リスク回避度をあらわすパラメータであり、相対的リスク回避度は、$1-\alpha$である。

Epstein and Zin (1991)は、(3.29)式の確実性等価の値を用いて、(3.28)式の効用関数を以下の(3.31)式のように定義している。ただし、$\alpha \neq 0$かつ$\theta \neq 0$とする。

$$max \quad U_t = [c_t^\theta + \beta(E_t\{\tilde{U}_{t+1}^\alpha\})^{\frac{\theta}{\alpha}}]^{\frac{1}{\theta}} \quad (0 \neq \theta < 1) \tag{3.31}$$

[3] Epstein and Zin (1991)のモデル

ここでE_tは、t期における条件付期待値演算子をあらわす。θは、異時点間の代替の弾力性に関わるパラメータであり、異時点間の代替の弾力性σをθによってあらわすと、$\sigma=1/1-\theta$となる。もしθがαよりも大きければ、Kreps and Porteusで述べられているように$E_t(\cdot)$に関してconvexとなる。それゆえ不確実性の早期解決が好まれる。

一方、資産AがN種類の資産にふりわけられるとするならば、そのポートフォリオウェイト$\omega_{j,t}$について以下の(3.32)式が各t期において成立している。

$$\sum_{j=1}^{N}\omega_{j,t}=1 \tag{3.32}$$

それゆえ(3.32)式を用いると、予算制約式は、以下の(3.33)式のようになる。

$$A_{t+1}=(A_t-c_t)\left[\sum_{j=1}^{N}\omega_{j,t+1}R_{j,t+1}\right] \tag{3.33}$$

それゆえ(3.33)式の制約の下での(3.31)式の効用最大化のためのBellman方程式は、以下の(3.34)式のとおりである。

$$J(A_t,I_t)\equiv\max_{c_t,\omega_t}\{c_t^\theta+\beta[E_t\{J(\tilde{A}_{t+1},\tilde{I}_{t+1})^\alpha\}]^{\frac{\theta}{\alpha}}\}^{\frac{1}{\theta}} \tag{3.34}$$

ここで、Jの同次性から最適解は、定常なI_tのもとでは、資産に比例する[9]。

$$J(A_t,I_t)=\phi(I_t)A_t\equiv\phi_t A_t. \tag{3.35}$$

これを用いて、(3.33)式の制約の下で、(3.34)式を消費について最大化を行うことで(3.36)のオイラー方程式が導かれる。また消費と資産それぞれについて最大化を行うことで、(3.37)式のオイラー方程式が得られる[10]。(3.36)式および(3.37)式の導出については補論にて行なう。

$$E_t\left[\beta^\rho\left(\frac{c_{t+1}}{c_t}\right)^{\rho(\theta-1)}M_{t+1}^\rho\right]=1 \tag{3.36}$$

第3章　利子率の消費の経路への影響

但し、$\rho = \alpha/\theta$ である。

$$E_t\left[\left(\frac{c_{t+1}}{c_t}\right)^{\rho(\theta-1)} M_{t+1}^{\rho-1}(R_{j,t+1}-R_{1,t+1})\right] = 0 \tag{3.37}$$

(3.37)式に各資産の割合を示すウェイト $\omega_{j,t}$ をかけ、資産の種類の数 N まで足すことで、次式が得られる。

$$E_t\left[\beta^\rho\left(\frac{c_{t+1}}{c_t}\right)^{\rho(\theta-1)} M_{t+1}^{\rho-1} R_{j,t}\right] = 1 \tag{3.38}$$

次に、(3.36)式および(3.38)式を用いて、異時点間の代替の弾力性および相対的リスク回避度の推定を行なう。

(3.3.1) 推　定

推定に用いたデータは、1957年から1996年までの年次データである。利子率は、以下の3種類である。①全国銀行貸出約定の貸付平均金利($r1$)の前年末の値を消費の第4四半期のインプリシットデフレータで実質化したもの。②郵便普通預金($r2$)の前年末の値を消費の第4四半期のインプリシットデフレータで実質化したもの。③家計の前年末金融資産で利子に配当を加えたものを割り、消費の第4四半期のインプリンシットデフレータで実質化したもの($r3$)。マーケットポートフォリオとしては、家計の純財産所得に正味資産の調整勘定を加え前年末の正味資産で割ったものを消費の第4四半期のインプリシットデフレータで実質化したものを用いた。消費はサービスフローを用いるべきであるが、非耐久消費財支出のデータが長期において得られないため、一人当たりの家計の実質最終消費支出を用いた。

以上のデータを用いて、GMMによって(3.36)および(3.38)式より、3種類の利子率について同時に推定を行った[11]。ウェイト行列には、非負性を考慮して Newey and West (1987)の手法を用いた。用いたラグ次数は2である。また各パラメータの初期値は、堀(1996)で得られた推定値($\beta=$

[3] Epstein and Zin (1991) のモデル

0.99, $\alpha=0.25$, $\theta=0.97$) を用いた。

操作変数には、次の3組を用いた。inst 1には、定数項、1期前の消費の成長率、マーケットポートフォリオ、貸付利子率、郵便預金および2期前のマーケットポートフォリオを用いた。inst 2には、定数項、1期前の消費の成長率、マーケットポートフォリオ、貸付利子率、郵便預金を用いた。またinst 3には、定数項、1期前の消費の成長率、マーケットポートフォリオ、および2期前の消費の成長率を用いた。推定結果は、**表3.1**のとおりである。

以上の結果から、時間選好因子および相対的リスク回避度は、ほぼ符号条件を満たしかつ有意であるが、異時点間の代替の弾力性は符号条件を満たしていない。それゆえ日本において、Epstein and Zin (1991) のモデルは棄却されるといえるであろう。

谷川 (1994) および堀 (1996) では、推定結果は符号条件を満たし、有意であった。しかし、Pricing Kernelが取り得る平均・標準偏差の領域限界を

[表3.1]

	inst 1	inst 2	inst 3
β	0.975 (0.0037)**	0.978 (0.0052)**	0.967 (0.0061)**
ρ	0.524 (0.047)**	0.500 (0.048)**	0.772 (0.12)**
$1-\alpha=1-\rho\theta$	0.178	0.223	-0.019
θ	1.568 (0.20)**	1.555 (0.27)**	1.32 (0.24)**
$\sigma=1/1-\theta$	-2.31	-1.80	-3.13
p value	0.625	0.392	0.187

括弧内は、標準誤差をあらわす。また**は、5％の有意水準で有意であることをあらわす。

第3章 利子率の消費の経路への影響

用いて、検定をおこなった結果、日本においてEpstein and Zin (1991)モデルを支持する結果が得られていない。

[4]　Hall (1988) モデルとEpstein and Zin (1991)モデル

家計の最大化問題における時間的非整合性(time inconsistency)とは、新たな情報が生じなくとも、時間の経過にしたがって最適化経路を変更しなければならない場合を指す。この場合家計は、新たな情報や選好の変化がなくとも、各期毎に消費計画を見直さなければならない。このため家計には、常にこの計画変更に対するコストがかかってくるのである。

期待効用仮説下では、効用関数の単調性により、Strotz (1956)で指摘されたような、時間的非整合性の問題は生じない。つまり1期での決定が2期において後悔されない時間的整合性（time consistency）を持つ決定がなされることが知られている[12]。たとえば、1期目にxという消費を行った際に、第2期目に$y1$と$y2$という消費水準の選択肢があるとする。ここで1期において$y2$よりも$y1$が大きな期待効用をもたらすとする。このとき2期目の消費水準に$y1$の選択をおこなうであろう。期待効用によってyの選択を行うことによって、xと$y1$のペアによってもたらされる効用は、2期目においてもxと$y2$のペアよりも常に大きくなるのである。

これに対しJohnsen and Donaldson (1985)は、より一般的に期待効用仮説以外にも時間的整合性を持ちうることをしめした。

t期におけるある行動x_t(消費水準x)が生じるとき、$t+1$期におけるある行動y_{t+1}に対する選好のオーダーが、t期と$t+1$期において変わらないとき、時間的整合性を持つ。この時間的整合性が保たれるために、Johnsen and Donaldson (1985)は、効用関数が以下のようなrecursiveな形状をとればよいことをしめしている[13]。

$$W_t = f[c_t, E_t W_{t+1}] \tag{3.39}$$

Selden (1978)によるOCEモデルは、2期間モデルにおいては、時間的

[4] Hall (1988) モデルとEpstein and Zin (1991)モデル

整合性が成立するが、3期以上のモデルに拡張した際には成立しない。これに対しKreps and Porteus (1978)によるモデルはこの2つを区別し、かつ時間的整合性を有する。以下では、Hall (1988) モデルと Epstein and Zin (1991)モデルの時間的整合性について検討をおこなう[14]。

Hall(1988)モデルの効用最大化の目的関数(3.10)式を、3期間モデルに延長すると、以下の(3.40)式となる。

$$W_t = [V(c_t) + \beta VU^{-1}E_t U(c_{t+1}) + \beta^2 VU^{-1}E_t U(c_{t+2})] \quad (3.40)$$

これに対し、$t+1$期における$t+2$期までの効用最大化の目的関数は、以下の(3.41)式である。

$$W_{t+1} = [V(c_{t+1}) + \beta VU^{-1}E_{t+1} U(c_{t+2})] \quad (3.41)$$

それゆえ、Hall (1988) の定式化では、recursiveな形状をとることができない。

もし関数VとUが同一であるならば（期待効用仮説の下では）、$VU^{-1}(x) = x$であるから、(3.40)式は、以下の(3.42)式のように(3.39)式の加法分離型として書き表すことができるのである。

$$W_t = [V(c_t) + \beta E_t W_{t+1}] \quad (3.42)$$

これに対し、Epstein and Zin (1991)の定式化のもとでは、(3.28)式から明らかに、Johnsen and Donaldsonで提示された時間的整合性を持つrecursiveな形状をとる効用関数を定義しているのである。

しかしKreps and Porteusを基礎としたモデルを用いたEpstein and Zin (1991)は、実証段階において観測不可能なデータであるマーケットポートフォリオの値を必要とするという問題が生じると、Attanasio and Weber (1989)は、指摘している。

このEpstain and Zin (1991)モデルの問題である、マーケットポートフォリオの収益率の計算において、ここでは問題回避のため、総資産とキャピタルゲインを用いた。このため従来Epstain and Zin (1991)モデルを推定する際に用いられたように、資産範囲を限定することなく推定を行ない得た

のである。これによりこの問題は、解決に近づいたと考える。しかし、キャピタルゲインの代理変数としてもちいた調整勘定には、キャピタルゲイン以外の調整項目も含まれる。また伴 (1991) が指摘しているように、GMM 推定における小標本の問題が生じる。そのため、さらに厳密なデータおよび標本数を確保する推定が望まれる。

補論　Epstein and Zin (1991) モデルの導出

ここでは、Epstein and Zin (1991) の消費および資産のオイラー方程式 (3.36) および (3.37) 式の導出をおこなう。

ここでの最大化問題は、以下の (3.33) 式の制約の下で (3.31) 式を最大化するものである。

$$\max\ U_t = \left[c_t^\theta + \beta(E_t\{\tilde{U}_{t+1}^\alpha\})^{\frac{\theta}{\alpha}}\right]^{\frac{1}{\theta}} \qquad (0 \neq \theta < 1) \tag{3.31}$$

$$s.t.\ A_{t+1} = (A_t - c_t)\left[\sum_{j=1}^{N} \omega_{j,t+1} R_{j,t+1}\right] \tag{3.33}$$

このとき、Bellman's equation は、以下の (3.34) 式である。

$$J(A_t, I_t) \equiv \max_{c_t, \omega_t}\{c_t^\theta + \beta[E_t\{J(\tilde{A}_{t+1}, \tilde{I}_{t+1})^\alpha\}]^{\frac{\theta}{\alpha}}\}^{\frac{1}{\theta}} \tag{3.34}$$

J の同次性から以下のような (3.35) 式が導出される。

$$J(A_t, I_t) = \phi(I_t) A_t \equiv \phi_t A_t \tag{3.35}$$

(3.33) 式と (3.35) 式を (3.34) 式に代入することで、以下の (a1) 式のように書き表し得る。

$$\phi_t A_t = \max_{c_t, \omega_t}\{c_t^\theta + \beta(A_t - c_t)^\theta[E_t\{(\phi_{t+1}(\textstyle\sum_{j=1}^N \omega_{jt+1} R_{jt+1}))^\alpha\}]^{\frac{\theta}{\alpha}}\}^{\frac{1}{\theta}} \tag{a1}$$

最適資産選択ウエイト (ω_{jt}^*) は、(3.32) 式の制約の下で、以下の (a2) 式を最大にするように決定される。

$$\mu_t^* = \max_{\omega_t}[E_t\{(\phi_{t+1}(\textstyle\sum \omega_{jt+1} R_{jt+1}))^\alpha\}]^{\frac{1}{\alpha}} \tag{a2}$$

(a2) 式で決定される最適資産選択下における消費の最大化問題は、(a3) 式のとおりである。

$$\phi_t A_t = \max_{c_t}\{c_t^\theta + \beta(A_t - c_t)^\theta(\mu_t^*)^\theta\}^{\frac{1}{\theta}} \tag{a3}$$

但し $\mu_t^* = [E_t(\phi_{t+1}^\alpha M_{t+1}^\alpha)]^{\frac{1}{\alpha}},\ M_{t+1} = \sum \omega_{jt+1}^* R_{jt+1}$

第3章　利子率の消費の経路への影響

それゆえ M_{t+1} は、マーケットポートフォリオの収益率である。(a3)式の消費による一階の条件により、以下の(a4)式が導かれる。

$$c_t^{\theta-1} = \beta(A_t - c_t)^{\theta-1}\mu_t^{*\theta} \tag{a4}$$

(a4)式は、最適解であるから消費に関して1次同次である。それゆえ消費は、$c_t = \varphi_t A_t$ と書き表し得るから、以下の(a5)式が導かれる。

$$\varphi_t^{\theta-1} = \beta(1-\varphi_t)^{\theta-1}\mu_t^{*\theta} \tag{a5}$$

同様に、(a3)式に $c_t = \varphi_t A_t$ を代入することで以下の(a6)式となる。

$$\phi_t^\theta = \varphi_t^\theta + \beta(1-\varphi_t)^\theta \mu_t^{*\theta} \tag{a6}$$

(a5)式を $\mu_t^{*\theta}$ について解き(a6)式に代入すると、以下の(a7)式が導出される。

$$\phi_t = \left(\frac{c_t}{A_t}\right)^{\frac{\theta-1}{\theta}} \tag{a7}$$

1期ずらして(3.33)式の制約式を代入すると、(a8)式が導かれる。

$$\phi_{t+1} = \left(\frac{c_{t+1}}{M_{t+1}}\right)^{\frac{\theta-1}{\theta}}\left(\frac{1}{A_t - c_t}\right)^{\frac{\theta-1}{\theta}} \tag{a8}$$

(a8)式を(a4)式に代入し整理すると、(a9)式つまり(3.36)式が導出される。

$$E_t\left[\beta^{\frac{\alpha}{\theta}}\left(\frac{c_{t+1}}{c_t}\right)^{\frac{\alpha(\theta-1)}{\theta}}M_{t+1}^{\frac{\alpha}{\theta}}\right] = 1 \tag{a9}$$

それゆえ、(a9)式((3.36)式)は最適消費経路を表すオイラー方程式である。

次に、(a2)式の最適資産選択のための条件を検討する。(a2)式を59ページの(3.32)式の制約の下で最大化を行う。(a8)式を(a2)式に代入することで、ラグランジュ関数は以下の(a10)式となる。

$$L = \left[E_t\left\{\left(\frac{c_{t+1}}{A_t - c_t}\right)^{\frac{\alpha(\theta-1)}{\theta}}\left(\sum_{j=1}^{N}\omega_{jt+1}R_{jt+1}\right)^{\frac{\alpha}{\theta}}\right\}\right]^{\frac{1}{\alpha}} - \lambda\left[\sum_{j=1}^{N}\omega_{jt+1} - 1\right] \tag{a10}$$

補論　Epstein and Zin (1991)モデルの導出

ここでλは、ラグランジュ乗数を表す。ウェイトω_jによる一階の条件は、以下のとおりである。

$$\frac{1}{\alpha}\left[E_t\left\{\left(\frac{c_{t+1}}{A_t-c_t}\right)^{\frac{\alpha(\theta-1)}{\theta}}\left(\sum_{j=1}^{N}\omega_{jt+1}R_{jt+1}\right)^{\frac{\alpha}{\theta}}\right\}\right]^{\frac{1}{\alpha}-1}$$

$$\times\frac{\alpha}{\theta}\left[\frac{\varphi_t}{1-\varphi_t}\right]^{\frac{\alpha(\theta-1)}{\theta}}E_t\left[\left(\frac{c_{t+1}}{c_t}\right)^{\frac{\alpha(\theta-1)}{\theta}}\left(\sum_{j=1}^{N}\omega_{jt+1}R_{jt+1}\right)^{\frac{\alpha}{\theta}-1}R_{jt+1}\right]=\lambda$$

(a11)

それゆえ、(a10)式を各ウェイトω_jおよびω_iで最大化することにより、以下の最適資産選択のオイラー方程式が導かれる。

$$E_t\left[\left(\frac{c_{t+1}}{c_t}\right)^{\frac{\alpha(\theta-1)}{\theta}}M_{t+1}^{\frac{\alpha}{\theta}-1}(R_{jt+1}-R_{it+1})\right]=0 \quad j\neq i \qquad \text{(a12)}$$

ここで(a9)式より、以下の(a13)式が導かれる。

$$\beta^{-\frac{\alpha}{\theta}}=E_t\left[\left(\frac{c_{t+1}}{c_t}\right)^{\frac{\alpha(\theta-1)}{\theta}}M_{t+1}^{\frac{\alpha}{\theta}}\right] \qquad \text{(a13)}$$

次に(a12)式をウェイトω_jで足し合わせることにより、次の(a14)式となる。

$$E_t\left[\left(\frac{c_{t+1}}{c_t}\right)^{\frac{\alpha(\theta-1)}{\theta}}M_{t+1}^{\frac{\alpha}{\theta}-1}\left(\sum_{j=1}^{N}\omega_j R_{jt+1}\right)\right]$$

$$=E_t\left[\left(\frac{c_{t+1}}{c_t}\right)^{\frac{\alpha(\theta-1)}{\theta}}M_{t+1}^{\frac{\alpha}{\theta}-1}R_{it+1}\left(\sum_{j=1}^{N}\omega_{jt+1}\right)\right]$$

(a14)

左辺は、(a13)式に対応している。また右辺において$\Sigma\omega=1$であるから、以下の(a15)式、すなわち(3.38)式が導出される。

$$E_t\left[\beta^{\frac{\alpha}{\theta}}\left(\frac{c_{t+1}}{c_t}\right)^{\frac{\alpha(\theta-1)}{\theta}}M_{t+1}^{\frac{\alpha}{\theta}-1}R_{it+1}\right]=1 \qquad \text{(a15)}$$

---

1) たとえばLaibson (1998) は、時間選好因子が$\beta\alpha^{t+i}$ ($\beta<1$) のような準双曲

第3章　利子率の消費の経路への影響

型の場合にも相対的リスク回避度の逆数は、異時点間の代替の弾力性と等しくはならないことを示している。しかしこの場合にも異時点間の代替の弾力性は、経済学的な論拠を持たずに相対的リスク回避度に依存しているのである。

2）相対的リスク回避度（RRA：relative risk aversion）とは、Arrow and Prattによる危険回避の測度であり、$RRA = -x \cdot U''(x)/U'(x)$と定義されている。これは、不確実性に対するリスク回避行動の種を示すものである。

　これに対し、異時点間の代替の弾力性（intertemporal elasticity of substitution）とは、異時点間の相対価格が変化したときに消費の配分がどのように変化するかを表す指標であり、t期とt'期の代替の弾力性は、

$$\sigma = -\frac{u'(c_t')/u'(c_t)}{c_t'/c_t} \cdot \frac{d[c_t'/c_t]}{d[u'(c_t')/u'(c_t)]}$$

となる。それゆえ、t'をtに限りなく近づけると、

$$\sigma = -\frac{u'(c_t)}{c_t \cdot u''(c_t)}$$

となる（Blanchard and Fisher (1989)）。したがって、効用関数に相対的リスク回避度一定（CRRA: constant relative risk aversion）の関数型を仮定すれば、期待効用仮説の下では、相対的リスク回避度の逆数が異時点間の代替の弾力性と等しくなる。

3）期待利子率$E_t(r_{t+1})$は、実現した利子率r_{t+1}に利子率への予測誤差u_{t+1}を加えたものである。

$$E_t(r_{t+1}) = r_{t+1} + u_{t+1}$$

それゆえ実現した利子率が期待値よりも大きくなるほど予測誤差もおおきくなることがわかる。

4）DF、ADFテストの結果、消費の成長率、利子率ともに対数正規分布の必要条件である定常性は、満たされている。

対数正規分布とはその対数値が正規分布に従う分布である。

$$\log x \sim N(\mu, \sigma^2)$$

この場合xの期待値は、以下のとおりである。

$$E[x] = \exp\left[\mu + \frac{\sigma^2}{2}\right]$$

5）Hansen and Singleton (1996)は、時間集計されているときの効率的な推定法を、さらにOgaki and Reinhart (1998)は、耐久消費財と非耐久消費財の非加法分離性の実証モデルを示している。

6）$t-2$、$t-3$期の変数のうち利子率に有意に説明力を持つものを用いた。

7）Kreps and Porteus (1978)は、u_tがμに関してconvexであるならば、早期に

補論　Epstein and Zin (1991)モデルの導出

不確実性の解消されることが好まれることを以下のように示している。

不確実性の解消のタイミングがどのように効用水準に影響を与えるかを見るために、第一期と第二期の2期間モデルを想定し、効用関数を$u_t(,,)=\mu^2$と仮定する。この効用関数の下で、コイン投げによる賭けを行う。表がでたときの第二期の受け取りは10であり、裏が出た場合には、5という受け取りが生じると仮定する。それぞれ表が出る確率と裏が出る確率はいずれも0.5である。また受け取りが10であることによる効用は3であり、受け取りが5であることによる効用は2とする。

ここで、第一期にコイン投げを行うケース($b(0)$)と第二期にコイン投げを行うケース($b(1)$)の2つのケースを想定する。

$b(0)$のケースでは、第二期に生じる利得は、第一期に既に確定している。それゆえ、表が出た場合の第一期における期待される効用は、期待利得10による期待効用3の2乗となるので9である。また同様に、裏が出た場合に期待される効用は、4である。これは第一期に於いて、それぞれ0.5の確率で生じるので、結局$b(0)$を選択した場合に期待される効用は、6.5となる。

$b(1)$のケースでは、第二期に生じる期待効用は、2.5であり、それによる第一期に期待される効用は、2.5の二乗であるから、6.25となる。

それゆえ、u_tがμに関して*convex*であるならば、$b(0)$と$b(1)$では、$b(1)$、つまり早期に不確実性を解消することが選好されるのである。

8) この理論は、*Epstein and Zin* (1989)において展開されているが、実証分析の文献は、*Epstein and Zin* (1991)であることからここでは、モデルを*Epstein and Zin* (1991)モデルとした。
9) 例えば、*Blanchard and Fisher* (1989)の6章を見よ。
10) (3.29)、(3.30)式の導出については、村田 (1993)、羽森 (1996)を参照した。
11) ただし伴 (1991)では、*GMM*に小標本を用いることは、好ましくないことが示されている。
12) たとえば*Weller* (1978) 参照。
13) *Johnsen and Donaldson* (1985)の示した時間的整合性を持つ条件とは、以下のような関数uである。

$$u(x,z)=f(x,(u_s(x,z_s)/s\in S))$$

ここでxは、現在の消費であり、z_sは、あるstate sにおける将来の消費zである。u_sは、xとz_sのペアの選好の単調増加なオーダーを決める関数であり、fは、xとu_sのペアの選好の単調増加なオーダーを決定する関数である。(3.39)式は、u_s

第 3 章　利子率の消費の経路への影響

における、x と z_s の加法分離型である。

14) Non-expected utility の時間的非整合性の議論については瀬岡（1996）がある。

第4章　予備的貯蓄

　ケインズは、予備的貯蓄を貯蓄の目的の一つとして挙げている。これは、不確実性に起因する貯蓄である。例えば、仮に予期せざる収入があったとしても、確率的に起こり得る事象、突然の病気による退職や入院といった事象に対応するために、家計は消費を抑制して貯蓄をするということである。つまり予備的貯蓄とは、不確実な所得の変動に対応するためになされる貯蓄である。またフリードマンは、恒常所得と恒常消費の比を決定する要因として、不確実性を挙げ、家計が予備的貯蓄を行なうことによって、恒常消費が恒常所得よりも小さくなると述べている。

　Leland (1968) は、効用関数の3次導関数が正となる時、正の予備的貯蓄が存在することを証明している。なぜならば、効用関数の3次導関数が正であるならば、限界効用の期待値は、期待値の限界効用よりも大きくなる ($E(u'(c))>u'(E(c))$)。家計の消費の最適化行動は、限界効用の期待値に依存するので、不確実性に対してより多くの貯蓄、つまり予備的貯蓄を行うことにより、消費の成長率が大きくなるのである。

　これに対しHall (1978) のマーティンゲール仮説に於いては、効用関数に2次関数を仮定することにより、限界効用の期待値と期待値の限界効用が等しくなる。そのためマーティンゲール仮説の下では、予備的貯蓄を引き起こすリスク回避的な行動が無視されるのである。このことがexcess sensitivityやexcess smoothnessといったマーティンゲール仮説の棄却要因となるとCaballero (1990) は指摘している。Zeldes (1989) もまた、効用関数の3次導関数が正である時、excess sensitivityが生じること述べている。Barsky, Mankiw and Zeldes (1986)は、現在の減税とその減税分の将来におけ

第 4 章　予備的貯蓄

る増税という政策をとることは、家計の不確実性を減少させることになるため現在消費を押上げる効果があることを示している。このような不確実性に対し、資産がバッファーストックの役目をすることで、不確実性を減らすことを、Carroll（1997）はモデルを用いて証明している。

Kimball（1990）は、不確実性に対する貯蓄行動の測度として絶対的慎重係数（coefficient of absolute prudence）および相対的慎重係数（coefficient of relative prudence）を示している。［1］では、この慎重係数を導出し、［2］において不確実性がどのように消費の成長率に影響を及ぼすのかを若干のモデルを用いて提示する。［3］では、ARCH-Mモデルを用いて、日本における予備的貯蓄の検証をおこなう。

［1］　絶対的慎重係数と相対的慎重係数

Kimball（1990）は、予備的貯蓄を決定する不確実性に対して家計がどのように反応するのかを示す測度として、絶対的慎重係数および相対的慎重係数を示した。これらは、Arrow-Prattによる絶対的リスク回避度および相対的リスク回避度と同様に、予備的貯蓄動機の強さの測度となる。つまり、不確実な所得変動によって生じる予備的貯蓄がもたらす消費の変化あるいは消費の成長率への影響の度合いを示すものである。

Rothschild and Stiglitz（1971）は、家計の効用関数がコントロール変数γと確率変数θを含む時、以下のように家計が期待効用を最大化するようなγを選択することを示している。

$$\max_{\gamma} \int U(\theta,\gamma)\,dF(\theta) \qquad (4.1)$$

これを用いてKimball（1990）は、以下のように絶対的慎重係数および相対的慎重係数を導いている。一階の条件より、最適なγは、以下の(4.2)式を満たす。

[1] 絶対的慎重係数と相対的慎重係数

$$\int \frac{\partial U(\theta,\gamma)\,dF(\theta)}{\partial \gamma} = E\left[\frac{\partial U(\theta,\gamma)}{\partial \gamma}\right] = 0 \qquad (4.2)$$

ここでθは、確実な部分 ($\bar{\theta}$) と不確実な部分 ($\tilde{\theta}$) とで構成されているものとする。

$$\theta = \bar{\theta} + \tilde{\theta} \qquad 但し E(\theta) = \bar{\theta} \qquad Var(\theta) = \sigma_\theta^2$$

この時Arrow-Prattのリスク・プレミアムと同様に、あるγのもとで、以下のように等価予備的プレミアムρ (equivalent precautionary premium) が存在する[1]。

$$E\left[\frac{\partial U(\bar{\theta}+\tilde{\theta},\gamma)}{\partial \gamma}\right] = \frac{\partial U(\bar{\theta}-\rho,\gamma)}{\partial \gamma} \qquad (4.3)$$

(4.3)式の左辺を$\bar{\theta}$まわりで2次のテーラー展開を行うと、以下の(4.4)式が導出される。

$$E\left[\frac{\partial U(\bar{\theta}+\tilde{\theta},\gamma)}{\partial \gamma}\right] \approx E\left[\frac{\partial U(\bar{\theta},\gamma)}{\partial \gamma} + \tilde{\theta}\frac{\partial^2 U(\bar{\theta},\gamma)}{\partial \gamma \partial \theta} + \frac{\tilde{\theta}^2}{2}\frac{\partial^3 U(\bar{\theta},\gamma)}{\partial \gamma \partial^2 \theta}\right]$$

$$= \frac{\partial U(\bar{\theta},\gamma)}{\partial \gamma} + \frac{\sigma_\theta^2}{2}\frac{\partial^3 U(\bar{\theta},\gamma)}{\partial \gamma \partial^2 \theta} \qquad (4.4)$$

次に、(4.3)式の右辺を$\bar{\theta}$まわりで1次のテーラー展開を行うと、(4.5)式が導出される。

$$\frac{\partial U(\bar{\theta}-\rho,\gamma)}{\partial \gamma} \approx \frac{\partial U(\bar{\theta},\gamma)}{\partial \gamma} - \rho \frac{\partial^2 U(\bar{\theta},\gamma)}{\partial \gamma \partial \theta} \qquad (4.5)$$

それゆえ(4.4)式と(4.5)式により予備的プレミアムρは、以下のように書き表すことができる。

$$\rho \approx = -\frac{\dfrac{\partial^3 U(\bar{\theta},\gamma)}{\partial \gamma \partial^2 \theta}}{\dfrac{\partial^2 U(\bar{\theta},\gamma)}{\partial \gamma \partial \theta}} \frac{\sigma_\theta^2}{2} \equiv \lambda \frac{\sigma_\theta^2}{2} \qquad (4.6)$$

(4.6)式から明らかなように同じ大きさのリスクに対して、λが大きい程、予備的プレミアムも大きくなる。それゆえλは、予備的貯蓄行動の程度

第 4 章　予備的貯蓄

をあらわす測度となるのである。この λ を Kimball（1990）は、絶対的慎重係数（coefficient of absolute prudence）と呼んでいる。これに従えば、λ は以下のように定義される。

$$\lambda = -\frac{\frac{\partial^3 U(\bar{\theta}, \gamma)}{\partial \gamma \partial^2 \theta}}{\frac{\partial^2 U(\bar{\theta}, \gamma)}{\partial \gamma \partial \theta}} \tag{4.7a}$$

これに対して、相対的リスク回避度と同様に、相対的な確率変数の変動に対応する相対的慎重係数 λ^R は、以下のように定義される。

$$\lambda^R = -\frac{\frac{\partial^3 U(\bar{\theta}, \gamma)}{\partial \gamma \partial^2 \theta}}{\frac{\partial^2 U(\bar{\theta}, \gamma)}{\partial \gamma \partial \theta}} \bar{\theta} \tag{4.7b}$$

この慎重係数は、不確実性下における貯蓄決定行動とどのように関係づけられるであろうか。Kimball（1990）は、(4.1) 式を消費者の異時点間問題に適用し、以下のような 2 期間モデルを用いて予備的貯蓄と慎重係数との考察を行っている。簡単化のため利子率は、零とする。

$$\max_{c} \quad u_1(c) + E[u_2(\bar{a} - c + \tilde{y})] \tag{4.8}$$

ここで c は 1 期目の消費を、$\bar{a}$ は非人的資産及び確実な所得を、$\tilde{y}(E(\tilde{y})=0)$ は、不確実な所得をあらわす。ここでコントロール変数 γ は、消費 (c) であり、確率変数 θ は、総資産 ($a = \bar{a} + \tilde{y}$) である。それゆえ、コントロール変数による限界効用は、以下の (4.9) 式のとおりである。

$$\frac{\partial U(\bar{a}, c)}{\partial c} = u_1'(c) - u_2'(\bar{a} - c) \tag{4.9}$$

同様に、交差偏微分 $\partial^2 U / \partial c \partial a$ は以下の (4.10) 式のとおりである。

$$\frac{\partial^2 U(\bar{a}, c)}{\partial c \partial a} = -u_2''(\bar{a} - c) \tag{4.10}$$

この場合、絶対的慎重係数（λ_1）は、(4.11a) 式となる。

$$\lambda_1 = -\frac{-u_2'''(\bar{a}-c)}{-u_2''(\bar{a}-c)} = -\frac{u_2'''(\bar{c_2})}{u_2''(\bar{c_2})} \tag{4.11a}$$

相対的慎重係数（λ_2）は、同様に(4.11b)式のとおりである。

$$\lambda_2 = -\frac{u_2'''(\bar{c_2})}{u_2''(\bar{c_2})}\bar{c_2} \tag{4.11b}$$

[2] 不確実性による消費の成長率への影響

不確実性が消費の経路にどのように影響を与えるかについて、考察を行う。Dynan (1993) が指摘しているように、所得の変動には、不確実な変動に加え、予測されうる変動も含まれている。これに対し、消費の変動は不確実な所得変動をあらわす。それゆえここでは、不確実な所得の変動部分をあらわしている消費の変動が、どのように消費の経路へ影響をもたらしているのかを示すため、対数正規分布の仮定を置くモデルおよびDynan (1993) のモデルを取り上げた。

[2.1] 対数正規分布の仮定

ここではDeaton (1992) にしたがって、消費の分散つまり不確実性と消費の成長率との関係をみる。家計の消費行動における消費の最適化経路は、以下の(4.12b)式の制約の下で、(4.12a)式を最大化することによって得られる。ここで労働所得は所与とする。

$$max \quad U = E_t \left[\sum_{i=0}^{T-t} (1+d)^{-i} u(c_{t+i}) \right] \tag{4.12a}$$

$$s.t. \quad a_{t+i+1} = (1+r)(a_{t+i} + y_{t+i} - c_{t+i}) \tag{4.12b}$$

ここで、uは効用関数を、c_tはt期における消費を、y_tはt期における労働所得を、a_tはt期における非人的資産をあらわす。また、dは時間割引率を、rは利子率をあらわし、一定と仮定する。上記の最大化問題の消費に関する一階の条件は以下のとおりである。

第 4 章　予備的貯蓄

$$\left[\frac{1+r}{1+d}\right]E_t[u'(c_{t+1})]=u'(c_t) \tag{4.13}$$

ここで、u' は、消費による限界効用をあらわす。効用関数にCRRA型の効用関数 ($c^{1-\sigma}/1-\sigma$) を仮定すると、消費の異時点間の最適化経路は、以下の (4.14) 式となる。

$$\left[\frac{1+r}{1+d}\right]E_t\left[\left(\frac{c_{t+1}}{c_t}\right)^{-\sigma}\right]=1 \quad (\sigma>0) \tag{4.14}$$

この時 σ は、相対的リスク回避度かつ異時点間の代替の弾力性の逆数であり、相対的慎重係数は、$\sigma+1$ である。消費の成長率に対数正規分布を仮定することで、(4.14) 式における期待値の部分は、以下の (4.15) 式のようになる。

$$E_t\left[\left(\frac{c_{t+1}}{c_t}\right)^{-\sigma}\right]=\exp\left[-\sigma E_t(\Delta\log c_{t+1})+\frac{1}{2}\sigma^2\delta_t^2\right] \tag{4.15}$$

(4.15) 式を (4.14) 式に代入することで、以下の (4.16) 式を導くことができる。

$$\Delta\log c_{t+1}=\frac{1}{\sigma}(r-d)+\frac{\sigma}{2}\delta_t^2+\varepsilon_{t+1} \tag{4.16}$$

但し、$\delta_t^2=\mathrm{var}_t(\Delta\log c_{t+1})$

ここで、誤差項 ε_t は、t 期における消費の予測誤差に依存する。(4.16) 式より消費の成長率の分散つまり不確実な所得の変動が消費の成長率を押し上げているのである。

次に予備的貯蓄と消費の成長率の関係をテーラー近似によって示した Dynan (1993) のモデルを提示する。

[**2.2**]　Dynan (1993) のモデル

Dynan (1993) は、従来、予備的貯蓄の分析において多く使われてきた所得の変動ではなく、所得の不確実性を消費の変動を用いてあらわし、相対

[2] 不確実性による消費の成長率への影響

的慎重係数が消費の経路に及ぼす効果について分析している。それは、消費の変動は予期せぬ所得の変動にのみ影響されるため、リスクを的確に捉えることが出来るからである。また上述のように、消費の分散と成長率の関係は、対数正規分布を仮定することで得られるが、Dynan (1993) では、こうした分布に関する仮定を置くことなく、2次のテーラー近似により、消費の変動と成長率つまり消費の不確実性と予備的貯蓄との関係を導いている。以下では、Dynan (1993) に従って予備的貯蓄と相対的慎重係数の関係を説明する。

対数正規分布の仮定を用いたモデルと同様に、合理的期待下における恒常所得仮説に従う家計の効用最大化問題は以下の(4.18)式の制約の下で(4.17)式を最大化するものである。

$$max \quad U = E_t \left[\sum_{i=0}^{T-t} (1+d)^{-i} u(c_{t+i}) \right] \quad (4.17)$$

$$s.t. \quad a_{t+i+1} = (1+r)(a_{t+i} + y_{t+i} - c_{t+i}) \quad (4.18)$$

ここで、c_tはt期における消費を、y_tはt期における労働所得を、a_tはt期における非人的資産をあらわす。また、dは時間割引率を、rは利子率をあらわす。上記の問題の消費に関する一階の条件は以下のようになる。

$$\left[\frac{1+r}{1+d} \right] E_t[u'(c_{t+1})] = u'(c_t) \quad (4.19)$$

ここで$u'(c_{t+1})$をc_tまわりで2次のテーラー近似を行なうと、以下の(4.20)式となる。

$$u'(c_{t+1}) \cong u'(c_t) + u''(c_t)[c_{t+1} - c_t] + \frac{1}{2} u'''(c_t)[c_{t+1} - c_t]^2 \quad (4.20)$$

(4.20)式を(4.19)式に代入し整理すると以下の推定式が得られる。

$$E_t \left[\frac{c_{t+1} - c_t}{c_t} \right] = \frac{1}{\sigma} \left[\frac{r-d}{1+r} \right] + \frac{\rho}{2} E_t \left[\left(\frac{c_{t+1} - c_t}{c_t} \right)^2 \right] \quad (4.21)$$

ここで、σは相対的リスク回避度 ($-c_t(u''/u')$) を、ρはKimball (1990) で定義された相対的慎重係数 ($-c_t(u'''/u'')$) をあらわす。それゆえ相対的慎

重係数が一定の仮定のもとで[2]、ρが正であるならば、不確実性の指標となる消費の成長率の変動の期待値は消費の成長率を押し上げる。Dynan (1993)は、消費のパネルデータをいくつかのグループに分け、グループごとの消費の成長率の変動の期待値を求め推定を行った。その結果、アメリカにおいて予備的貯蓄の存在を棄却している。

Romer (1996)は、これまで得られているパラメータをもとに、予備的貯蓄は、どの程度消費の成長率に影響を及ぼしているかの計算をおこなっている。Romer (1996)は、Dynan (1993)と同様に、消費に関する一階の条件、例えば(4.18)式において、利子率及び消費の成長率を零まわりで2次のテーラー近似を行ない、利子率と時間割引率が等しいと仮定し、消費の成長率の期待値の二乗を十分に小さいとみなすことで、以下の(4.22)の関係を導いた。

$$E_t[g_c] \cong \frac{\rho}{2} Var_t[g_c] \tag{4.22}$$

但し、$g_c \equiv (c_{t+1} - c_t)/c_t$ である。

Romer (1996)は、アメリカにおける相対的リスク回避度のパラメータが4であるならば、Dynan(1993)等で得られた消費の標準偏差が0.1であることから、(4.22)式より、予備的貯蓄によって家計の期待消費成長率は、2.5%押し上げられていると分析している。

[3] 日本における予備的貯蓄の検証

予備的貯蓄とは、不確実性に起因する貯蓄である。これは既述のように確率的に起こり得る事象、突然の病気による退職や入院といった事象に対応するために、消費を抑制し貯蓄をするということである。つまり不確実な所得の変動に対応するためになされる貯蓄である。小川(1991)では、所得の変動を用いて日本における予備的貯蓄の検証をおこない、予備的貯蓄の存在を支持する結果を得ている。ここでは、消費の成長率に対数正規分

[3] 日本における予備的貯蓄の検証

布の仮定を用いたモデルを用いることで、所得の予期せぬ変動をあらわす消費の変動を用いて、予備的貯蓄の検証を行う。

　分散不均一を条件付き分散としてモデル化したARCH（Autoregressive Conditional Heteroscedasticity）モデルの応用としてEngle et. al.（1987）は、モデルの条件付き分散が期待値に影響を及ぼすARCH-M（Autoregressive Conditional Heteroscedasticity in Mean）モデルを開発した。彼らは、ARCH-Mモデルをもちいて、利子率のリスク・プレミアムの実証分析を行った。これは、リスク・プレミアムが各期の分散に依存するという前提に基づくものである。「[1] 絶対的慎重係数と相対的慎重係数」で提示したように、慎重係数は、リスク・プレミアムと同様に定義される。

　時系列データから各期の消費の成長率の分散を推定するために、利子率のリスク・プレミアムの実証分析に用いられているARCH-Mモデルによって、各期の消費の成長率に関する条件付分散から予備的貯蓄の日本における存在の可否を検討する。Flacco and Parer（1992）は、所得の分散をARCHモデルを用いて推定し、所得の分散に対する消費の変動から予備的貯蓄の検証をおこなっている。またAcemoglu and Scott（1994）は、消費の分散と関係する変数を用いて、Hahm and Steigerwald（1999）は、消費の分散そのものを用いて時系列データより予備的貯蓄の推定を行っている。しかしこれらの論文およびCaroll（1992）で述べられているように、時系列データを用いる場合には、代表的個人の強い仮定が必要となる。もし代表的個人の仮定が置かれなければ、明らかに平均値の分散は、分散の平均値とはならない。また推定された分散は、過小評価されることに留意しなければならない。

　図4.1 は、日本における消費の成長率の推移を示している。これによれば、定常性は満たされているが、分散は変動していると考えられる。ARCH-Mモデルを用いて予備的貯蓄の存在の可否を検討する前提として、消費の成長率の分散が時間に関して不均一であることが求められる。時間に関し

[図 4.1]

消費の成長率の推移

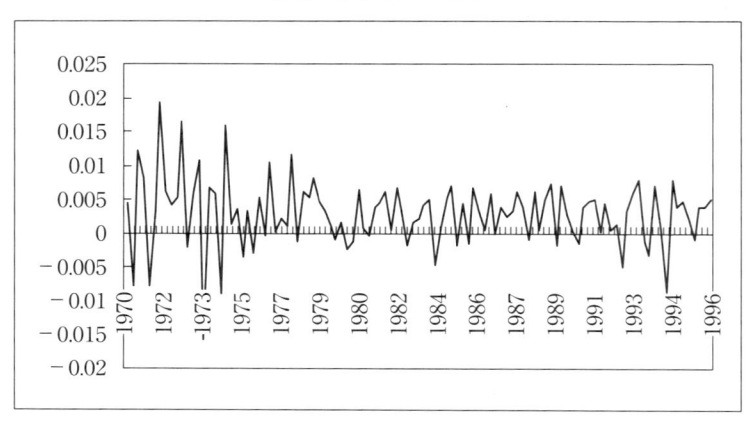

て消費の成長率の分散が均一であるならば、消費の成長率の分散から成長率への影響を推定できない。

(4.16)式を代表的個人を仮定して推定を行う。(4.16)式は消費の変動によってどのように消費の経路が変化するかをあらわすモデルである。それゆえ以下の(4.23)式のように、ARCH-Mモデルとして定式化を行うことができる。

$$gc_t = \gamma + \theta h_t + \varepsilon_t \tag{4.23}$$

但し、$\varepsilon_t \sim N(0, h_t)$　　$h_t = \alpha_0 + \sum_{i=1}^{n} \alpha_i \varepsilon_{t-i}^2$

ここでh_tは、過去の分散によって説明される条件付分散である[3]。(4.16)式において、gcおよびγは、それぞれ以下に対応している。

$$gc_t \equiv \Delta \log c_t \quad \gamma \equiv \frac{1}{\sigma}(r-d)$$

ARCH-Mモデルの推定には、最尤法を用いる。ARCH-Mモデルにおける対数尤度関数は、(4.24)式のとおりである。以下の対数尤度を最大にす

[3] 日本における予備的貯蓄の検証

るようなパラメータ $\phi' = (\gamma, \theta, \alpha_0 \cdots, \alpha_n)$ を求める。

$$\log L(\phi) = -\frac{1}{2}\sum_{t=1}^{T}[\log 2\pi h_t + \varepsilon_t^2/h_t] \qquad (4.24)$$

(4.24)式の尤度関数をもつARCH-Mモデルは、各期の分散が各期の期待値に影響を及ぼすものである。そのためARCHモデルで用いられた条件付分散の推定にかかわるパラメータとそれ以外のパラメータとを2段階に分けて推定することができない。それゆえ、ここでも蓑谷(1996)にしたがってBerndt, Hall, Hall and Hausman (1974)による非線型モデルの推定法をもちいる。

[3.1] 推定結果

(データ)

データは、四半期データを用いた。消費のデータは、1970年の第2四半期から1997年の第1四半期までの『国民経済計算年報』90年価格による家計の最終非耐久消費支出にサービス財支出を加えたものを推計人口で割ったものを用いた。季節調整には、Web Decompを用いている[4]。

推定を行う前に、消費の成長率が定常過程にあるか否かを検討する必要がある。単位根検定として DF (Dickey and Fuller) test および augmented DF testを用いた。但し、定数項は含むがトレンドは含まれない推定式を用いた。検定結果は、**表4.1**のとおりである。数値は、τ値をあらわす。いず

[表4.1]

DF	-13.439***	1970:4 $-$ 1997:1
ADF(1)	-10.275***	1971:1 $-$ 1997:1
ADF(4)	-4.419***	1971:4 $-$ 1997:1

***は、1％の有意水準で単位根であることが棄却されることを示す。

第4章　予備的貯蓄

れの場合にも単位根を持つことは、1％の有意水準で棄却されている。それゆえ定常性が満たされているため、ARCH-Mモデルの推定に用いることができる。

（推定結果）

（4.16)式の推定結果を**表4.2**に示している。ここでは、ARCH(1)-Mモデルを用いた。但し括弧内は、ARCH過程に従うモデルは、尖度が正規分布よりも大きくなるため頑強標準誤差を示した。初期値γは、最小二乗推定値を、h_tおよびα_0には、最小二乗法による推定の残差からの推定分散を用い、α_1は、零を用いている。しかし1970年第3四半期から1997年第1四半期を用いた場合、条件付分散過程が有意とならなかった。そのため、推定期間を1972年の第1四半期から1997年第1四半期までに変更をおこなった。

上述のように、アメリカにおける予備的貯蓄による消費の成長率は消費の分散およびこれまでの相対的リスク回避度の計測結果から、2.5％程度であった。推定結果より、日本における相対的リスク回避度は、12であった。このことから日本における不確実性の実質消費支出の成長率への長期的効果（Ψ）は、以下のように計算できる。

$$\Psi = \frac{6.074*0.0000685}{1-0.909} \cong 0.0048$$

［表4.2］

推定時間　1972：1～1997：1

	γ	θ	α_0	α_1
ARCH(1)-M	0.00532 (0.00101)**	6.074 (3.028)**	0.0000685 (0.0000175)**	0.909 (0.163)**
歪度＝-0.17　　尖度＝5.27				

**は、5％水準で有意であることを示す。括弧内は、頑強標準誤差をあらわす。

[3] 日本における予備的貯蓄の検証

　ここでは、四半期データを用いているので、日本における不確実性による消費の成長率は、年率で約1.9%である。上述のようにアメリカでは、2.5%であるから、若干小さいといえよう。

（利子率の影響）

　以上の結果は、利子率一定との仮定にもとづくものである。そこで次に、利子率による消費の成長率への影響を明示的にモデルに取り入れ、推定を行う。

　利子率と消費の成長率が多変量正規分布に従うとするならば、以下の(4.25)式が導出される。

$$\Delta \log c_{t+1} = \frac{1}{\sigma}(\hat{r}_{t+1} - d) + \frac{\sigma}{2}\tau_t^2 + e_{t+1} \tag{4.25}$$

$$\tau_t^2 = var_t(\Delta \log c_{t+1} - (r_{t+1}/\sigma))$$

但し$\hat{r}_{t+1}$は、$t+1$期の利子率の条件付期待値である。ここでは、1期から4期のラグ変数を用いて、以下の(4.26)式を最小二乗法によって推定した推定値を用いている。

$$\hat{r}_t = b_0 + b_1 r_{t-1} + b_2 r_{t-2} + b_3 r_{t-3} + b_4 r_{t-4} \tag{4.26}$$

ここで、b_iは、通常最小二乗推定値である。用いた利子率は、プライムレート（平均）($r1$)、通常郵便貯金 ($r2$)、3ヶ月もの債券現先利回り ($r3$) の3種類である。それぞれ家計の最終消費支出のインプリシットデフレーターで実質化をおこなった。

　ARCH-Mモデルであらわすと、以下の(4.27)式のとおりである。

$$gc_t = \gamma + \beta \hat{r}_t + \theta h_t + \varepsilon_t \tag{4.27}$$

$$h_t = \alpha_0 + \sum_{i=1}^{n} \alpha_i \varepsilon_{t-i}^2$$

　ただし、(4.27)式は、誤差項に利子率の予測誤差が含まれないため、(4.25)式に完全に対応していない。それゆえ、ここで得られた推定値θが有意であるか否かによって予備的動機の有無を判断し得るが、推定値そのもの

第4章　予備的貯蓄

が相対的リスク回避度の1/2とはならないことに注意しなければならない。**表4.3**に結果を示している。

消費の不確実性による影響は、有意であるが、利子率の影響βが有意との結果が得られていない。βは相対的リスク回避度の逆数であり、θが相対的リスク回避度の1/2である。それゆえθが有意である限りにおいて、βもまた有意でなければならない。

この問題に対して、第3章で取り上げたHall(1988)の非期待効用仮説を思い出してみよう。Hall(1988)モデルにおいて相対的リスク回避度と異時点間の代替の弾力性は、全く別個に定義される。そしてこの時、消費の成長率は、以下の(4.28)式で決定される。

[表4.3]

利子率を加えたモデルの推定結果

ARCH(1)-M　1972：1－1997：1

	r1	r2	r3
γ	0.00465 (0.00133)**	0.00612 (0.00088)**	0.00507 (0.00132)**
β	0.122 (0.117)	0.131 (0.106)	0.066 (0.182)
θ	4.429 (2.377)*	4.242 (2.114)**	5.820 (5.929)
α_0	0.0000658 (0.0000171)**	0.0000646 (0.0000168)**	0.0000683 (0.0000172)**
α_1	0.915 (0.126)**	0.923 (0.098)**	0.908 (0.166)**
歪度	－0.04	－0.02	－0.18
尖度	5.68	5.68	5.77

*は、10％水準で有意であることを、**は、5％水準で有意であることを示す。括弧内は、頑強標準誤差をあらわす。

[3] 日本における予備的貯蓄の検証

$$\Delta \log c_{t+1} = \frac{1}{\alpha}d + \frac{1}{\alpha}\hat{r}_{t+1} + \frac{1}{2\alpha}\sigma_t^2 + \eta_{t+1} \qquad (4.28)$$

$\sigma_t^2 = \{\rho - \alpha(1-\rho)\}\ \sigma_{ct}^2 + \sigma_{rt}^2 - 2\rho\sigma_{crt}$

$\sigma_{ct}^2 = \mathrm{var}_t \Delta \log c_{t+1}, \quad \sigma_{rt}^2 = \mathrm{var}_t r_{t+1}, \quad \sigma_{crt}^2 = \mathrm{cov}_t(\Delta \log c_{t+1}, r_{t+1})$

ここで、ρは、相対的リスク回避度を、$1/\alpha$は、異時点間の代替の弾力性をあらわす。この場合、もし$\beta = 0$であっても、θが0となる必要はない。

以上の結果をまとめると以下のようになる。ここでは、日本において家計が不確実な所得の変動に反応して予備的貯蓄を行うか否かの検証を行った。その結果推定結果は推定期間によって異なる結果をもたらしており、安定した結果とはいえないが、ほぼ消費の成長率の変動つまり不確実な所得の変動が消費の成長率に影響を与えるという結果が得られた。予備的貯蓄の先行研究としてわが国においては、小川(1991)、Watanabe and Horioka(1997)が予備的貯蓄の存在を認める結果を得ている。予備的貯蓄が存在するならば、不確実性が存在しない場合よりも家計の効用水準は、将来所得が一定ならば、押し下げられるであろう。それゆえ今後これらの効果についてさらに実証的に検討することが重要である。

---

1) 以下、本稿ではこのρを予備的プレミアムと呼ぶ。
2) 仮に相対的慎重係数が一定でなければ、このρがt期で定義されていることに留意する必要がある。
3) Deaton (1992) が述べているように、予測誤差の分散が一定である必然性はない。
4) Web Decompプログラムの使用について佐藤整尚氏（数理統計研究所）に記して感謝の意を表します。

第5章 Consumption Insurance

　Consumption Insurance[1]とは、個人が、保険市場あるいは、義援金等を通して生産ショックつまり所得の変動に対してリスクシェアリングを行うことによって、消費の最適化経路を達成することをいう[2]。

　家計は、リスクを持ちあいすることで、不確実性を回避し、相互の効用最大化を行う。消費は、各個人の生涯資産にのみ依存するため、個々の生産ショックと消費のショックとは相関を持たない。つまり、生産段階における資産に依存しない消費の格差は、補助金、金融市場等を通じて調整が行われる。これが Consumption Insurance である。それゆえ Consumption Insuranceによって、完全な金融市場の下で消費者は、資本市場、税・補助金、金融市場を通して彼らの消費の計画された最適化経路を実現する。

　Cochrane (1991)は、Consumption Insuranceと恒常所得仮説とは、深い関連性を持つが、両者は、独立に存在し得ることを指摘している。なぜならば、消費者が恒常所得仮説に従う場合、誤差項は、時間に関して無相関であることを意味する。これに対し、ある社会において Consumption Insuranceが成立するならば、各個人の誤差項は、クロスセクショナルに無相関となるのである。

　本章では、Consumption Insuranceの実証モデルを導出したMace (1991)，Cochrane (1991)のモデルを紹介し、日本におけるConsumption Insuranceが十分に機能しているか否かについてについて検討を行っていく。

第5章 Consumption Insurance

[1] 日本におけるConsumption Insuranceの検証

[1.1] Mace (1991), Cochrane (1991)の実証モデル

(1.1.1) 理論的フレームワーク

Mace (1991)に従ってConsumption Insuranceの実証モデルを提示する。social plannerの最大化問題は、ウェイトω^jの下で、(5.2)式の制約の下で(5.1)式を最大化することである。このウェイトω^jの導出については、補論1で行う。

$$max \sum_{j=1}^{J}\omega^j\sum_{t=0}^{\infty}\beta^t\sum_{\tau=1}^{S}\rho(s_{\tau t})U[c_t^j(s_{\tau t}),\ d_t^j(s_{\tau t})] \quad (5.1)$$

$$s.t.\ \sum_{j=1}^{J}c_t^j(s_{\tau t})=\sum_{j=1}^{J}y_t^j(s_{\tau t}) \quad (5.2)$$

$$ただし、\sum_{j=1}^{J}\omega^j=1,\ \rho(s_{\tau t})\in[0,\ 1],\ \sum_{\tau=1}^{S}\rho(s_{\tau t})=1$$

ここで、βは時間選好因子を、$\rho(s_{\tau t})$はt期にstate s_τが起こる確率を示す。ここでJ人の個人が存在するとする。$c_t^j(s_{\tau t})$は、個人jのt期における事象τが生じた時の消費であり、$d_t^j(s_{\tau t})$は、その他の効用に影響をおよぼす要因、選好ショックである。この時資源制約は、以下のとおりである。

$$y_t^j(s_{\tau t})=\bar{y}_t^j+\eta_t^j(s_{\tau t})+\varepsilon_t^j(s_{\tau t})$$

ここで$\bar{y}_t^j$は、生産量の決定論的な変動をあらわし、$\eta_t^j(s_{\tau t})$は、集団全体へのショックを、$\varepsilon_t^j(s_{\tau t})$は個別ショックをあらわす。そして、存在する個人の数Jが十分に大きい時には、大数の法則が成立し、社会全体では個別ショックが漸近的にゼロとなる。それゆえ集計された資源制約は以下の性質を満たす。

$$y_t^A(s_{\tau t})=\bar{y}_t^A+\eta_t^A(s_{\tau t}) \quad (5.3)$$

いま効用関数に、以下のような絶対的リスク回避度一定(CARA)の効用関数を仮定する。

[1] 日本におけるConsumption Insuranceの検証

$$U[c,\ d]=-\frac{1}{\sigma}\exp[-\sigma(c-d)] \quad (\sigma>0)$$

この時一階の条件は、以下のとおりである。

$$\hat{\lambda}_t=\omega^j\exp[-\sigma(c_t^j-d_t^j)] \tag{5.4}$$

但し$\hat{\lambda}_t=\lambda_t/\beta^t\rho_t$

λは、ラグランジュ乗数をあらわす。(5.4)式より、各個人のt期のラングランジュ関数は、同一であるから以下の(5.5)式が導出される。

$$c_t^j=c_t^a+\frac{1}{\sigma}(\log\omega^j-\omega^a)+(d_t^j-d_t^a) \tag{5.5}$$

但し$\omega^a=\frac{1}{J}\sum_{j=1}^{J}\log\omega^j \quad c_t^a=\frac{1}{J}\sum_{j=1}^{J}c_t^j \quad d_t^a=\frac{1}{J}\sum_{j=1}^{J}d_t^a$

貸し倒れ等が生じない限り、ウェイトは時間に依存しないので、(5.5)式の階差をとることで(5.6)式が導出される。

$$\Delta c_t^j=\Delta c_t^a+(\Delta d_t^j-\Delta d_t^a) \tag{5.6}$$

(5.6)式より、消費の変化は、その集計値と正の関係を持つことがわかる。総消費の変化は、総生産物に等しい。総生産物は、既述のように個々の生産ショックを含まない。それゆえ、各個人の消費の変化は、個別ショックではなく、消費の集計値あるいは選好ショックにのみ依存して変化する。つまり、完全なリスクシェアリングが行われているならば、個々の所得の変化は、消費の変化に影響を与えないのである。それゆえ、以下のような推定によってリスクシェアリングされているか否かを検証し得る。

$$\Delta c_t^j=\beta_1\Delta c_t^a+\beta_2\Delta y_t^j+u_t^j \tag{5.7}$$

ここでΔy_t^jは、所得あるいは就業状態の変化をあらわす変数であり、推定には、県内総生産を用いる。また、u_t^jは、選好のショック、測定誤差を含む誤差項である。もしリスクシェアリングされているならば、$\beta_1=1$かつ$\beta_2=0$となる。

ここでは、consumption insuranceの検証を行うために、経済企画庁によ

第5章　Consumption Insurance

る県別データを用いる。それゆえ、各都道府県内において代表的個人を仮定し、都道府県の間のリスクシェアリングがなされているか否かについての検証となる。

そこで推定に入る前に、まずconsumption insuranceと地域間リスクシェアリングの関係を明らかにする。各家計間においてconsumption insuranceが成立する場合、consumption insuranceが成立しない場合、の2つのケースが考えられる。そしてそれぞれのケースにおいて、完全なる地域間リスクシェアリングがなされている場合となされていない場合が存在する。

ケース1は、各地域内consumption insuranceと地域間の完全なリスクシェアリングの両方が成り立つケースである。この場合、家計間のリスクシェアリングは、社会全体を通して行われている。

ケース2は、各地域内のconsumption insuranceは、成立しているが、地域間のリスクシェアリングが完全でないケースである。これは、Townsend (1995)等によって指摘される様に、各地域内では、家計間のリスクシェアリングが完全であるが、範囲が広くなることで、モラルハザードが起こり易くなり、地域間のリスクシェアリングが困難となるために生じるケースである。

ケース3は、各地域内のconsumption insuranceは、成立していないが、地域間の完全なリスクシェアリングが行われているケースである。これは、国の政策、義援金または保険の機能が、家計単位よりも、むしろ地域単位の変動に対して行われているケースである。

ケース4は、各地域内のconsumption insuranceと地域間の完全なリスクシェアリングの両方が成り立っていないケースである。ただしこの場合はさらに、地域間リスクシェアリングが完全でないケースと地域間リスクシェアリングが、全くなされていないケースに分類することができる。

それゆえ、ここで用いた地域データによる推定結果を考察する際、以上のconsumption insuranceと地域間リスクシェアリングの違いに注意しなけ

[1] 日本におけるConsumption Insuranceの検証

ればならない。

(1.1.2) 推　定
(データ)
データは全て、経済企画庁編「県民経済計算年報」による。用いたデータの期間は、1975年度から1993年度までである。全てのデータは、一人当たりの1985年価格による実質値である。消費のデータには、それぞれの都道府県の家計による最終消費支出を用いた。県内総生産は、その県の産業の実質付加価値として定義されたものである。それぞれのデータは、各年度の10月1日の都道府県別推計人口で割ったのを用いた。

(推定結果)
最小二乗法により推定をおこなった結果は、以下のとおりである。それゆえ、推定に用いられた標本数は846である。括弧内は、標準誤差をあらわす。

$$\Delta c_t^i = 3532.26 + 0.758 \Delta c_t^a + 0.032 \Delta y_t^i$$
$$(1797.57)\ (0.058) \qquad (0.015)$$

最小二乗法による推定の結果、β_2が零であるとの仮説は通常の5％有意水準の下で棄却される。またβ_1の95％の信頼区間は、$\{0.645, 0.871\}$となる。それゆえ、$\beta_1 = 1$であることも棄却される。

しかし今回は、集計データを用いていることから、人口に依存した分散不均一が生じると考えられる。通常このような場合、人口を用いてウェイト付けされる。しかしここでの推定には、Δc_t^aを含むため、人口によるウェイト付けは、困難である。そこでWhiteの推定残差をもちいた分散不均一モデルによる共分散推定を行った。結果は以下のとおりである。括弧内は、Whiteによる標準誤差をあらわす。

$$\Delta c_t^i = 3532.26 + 0.758 \Delta c_t^a + 0.032 \Delta y_t^i$$
$$(1854.23)\ (0.055) \qquad (0.014)$$

第 5 章　Consumption Insurance

以上の結果、分散不均一を考慮した際にも、$\beta_1 = 1$ および $\beta_2 = 0$ の仮説は、いずれも棄却される。

Mace (1991) や Townsend (1995) は、以上のような各時点の集計された消費の変化を含めたモデルの設定を行うことでデータのプーリングを行っている。これに対し Cochrane (1991) は、データのプーリングは、時間的な制約をも課すことを指摘している。そこで、Cochrane (1991) にしたがって、

[表 5.1]

最小二乗法による推定結果

	定数項	β_2		定数項	β_2
1976	11151.6 (4406.08)**	0.150 (0.067)**	1985	27841.9 (5672.84)**	0.068 (0.056)
1977	20969.0 (8186.55)**	0.105 (0.115)	1986	36102.1 (5462.63)**	0.004 (0.064)
1978	36795.8 (8215.67)**	0.175 (0.076)**	1987	31051.0 (6636.21)**	0.103 (0.049)**
1979	25353.5 (5200.59)**	0.087 (0.058)	1988	53156.5 (6564.25)**	0.006 (0.038)
1980	9061.00 (6045.02)	−0.144 (0.097)	1989	36167.2 (11830.1)**	0.057 (0.088)
1981	7152.59 (5263.50)	0.143 (0.071)**	1990	40946.7 (9890.74)**	0.035 (0.074)
1982	46238.3 (6014.77)**	−0.278 (0.111)	1991	28786.8 (6568.13)**	0.062 (0.081)
1983	22299.2 (4218.94)**	−0.190 (0.058)	1992	10102.7 (3351.86)**	0.047 (0.040)
1984	15063.0 (4761.0)**	0.046 (0.052)	1993	17960.8 (4009.70)**	−0.050 (0.086)

括弧内は、標準誤差を示している。また ** は、5％の有意水準で有意であることをあらわす。

[1] 日本におけるConsumption Insuranceの検証

[表5.2]

ウェイト付き最小二乗法による推定結果

	定数項	β_2		定数項	β_2
1976	8308.95 (4156.08)	0.142 (0.057)**	1985	28695.6 (6366.00)**	0.096 (0.048)**
1977	9839.03 (7299.22)	0.221 (0.082)**	1986	33511.0 (3931.82)**	0.050 (0.034)
1978	34253.1 (8417.31)**	0.203 (0.076)**	1987	32522.1 (5188.71)**	0.108 (0.029)**
1979	26993.0 (5740.19)**	0.104 (0.058)	1988	57927.4 (6349.15)**	0.006 (0.030)
1980	4533.83 (6273.32)	−0.109 (0.088)	1989	48441.4 (11771.3)**	0.037 (0.066)
1981	9913.19 (5532.11)	0.148 (0.053)**	1990	50217.4 (8027.74)**	−0.011 (0.050)
1982	44320.5 (5205.56)**	−0.072 (0.069)	1991	35200.9 (5089.48)**	−0.013 (0.062)
1983	21692.9 (4033.61)**	−0.056 (0.047)	1992	5367.16 (3868.47)	−0.025 (0.040)
1984	20201.7 (4603.25)**	0.023 (0.046)	1993	13261.1 (3777.90)**	−0.079 (0.073)

括弧内は、標準誤差を示している。また**は、5％の有意水準で有意であることをあらわす。

データのプーリングを行わずに、各年度ごとの推定をおこなった。最小二乗法による結果を表5.1に、また人口によるウェイト付けをおこなったウェイト付き最小二乗法の結果を表5.2に示している。ウェイトに用いた人口は、t-1期からt期の変化に関する推定においては、t期の人口を用いた。いずれも括弧内は、標準誤差をあらわす。

最小二乗法による推定の結果、地域間における完全なリスクシェアリン

第5章　Consumption Insurance

グが棄却されたのは、18年中4年のみであった。またウェイト付き最小二乗法の結果棄却されたのは、18年中6年のみであった。これらのプーリングによる推定結果の違いは、Cochrane (1991)の言うように、時間的な制約によるものなのであろうか。

Deaton (1997)で述べられているように、レベルデータを用いるのに比べて、階差をとったデータを用いた場合、データに占めるノイズの割合は大きくなる。そうしたノイズが推定結果を歪めているかもしれない。

次節では、このようなノイズによる影響をさけるため、各年度における不平等度を用いて地域間のリスクシェアリングが行われているか否かについての検証をおこなう。

[**1.2**]　不平等度によるConsumption Insuranceの実証分析

(5.1)式の効用関数に相対的リスク回避度一定(CRRA)の効用関数型を仮定すると、t期における家計の消費は、以下のように決定される。

$$\log c_t^j = c_t^a + \alpha (\log \omega^j - \omega^a) \tag{5.8}$$

$$\text{但し}\,\omega^a = \frac{1}{J}\sum_{j=1}^{J} \log \omega^j, \quad c_t^a = \frac{1}{J}\sum_{j=1}^{J} \log c_t^j$$

ここで、αは相対的リスク回避度に依存するパラメータである。(5.8)式より、消費は、各人の生涯資産にのみ依存して配分がなされる。

これに対し、総生産は、各人の生涯資産だけでなく、実物および金融ショックからの影響を受けている。根津・徐(1996)では、生産ショックの要因分析を県民所得、県内総生産、有効求人倍率、人口、全国銀行預金、全国銀行貸出、全国銀行店舗数の7変数を用いて主成分要因分析を行い、基本的な経済力の地域間格差を示すと思われる実物変数による要因の第1共通要因が50.9％を、金融要因と見られる第2共通要因を含めると86.9％が説明されているとの結果を得ている。

日本における年次の生産と家計消費の標本分散の1975年度から1993年度

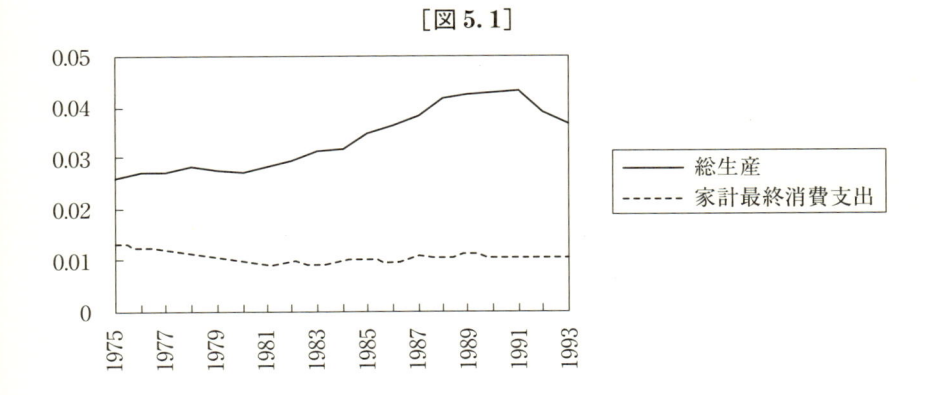

[1] 日本におけるConsumption Insuranceの検証

[図5.1]

における時系列の推移を図5.1に示している。数値は、いずれも一人当たりの対数値を用いた。総生産の平等度がバブル期に大きくなっていくにも関わらず、総生産の不平等度に比べて、消費の不平等度に大きな変化は見られない。これは、バブル期における総生産が大きく金融ショックに影響されているものと思われる。また、家計調査の所得5分位階級別データから消費の不平等度を算出したFukushige (1989)、大竹・齋藤(1996)で見られる1975年におけるジャンプは、ここでは、見られなかった。これは、ここで用いたデータが、年度別データであることから、期間が3ヶ月ずれている影響も考えられるが、所得階層別データにおいては、北坂(1991)で検証されているように、低所得階層における流動性制約の割合が高い。これに対し本稿で用いられた地域別データに、流動性制約の偏りは所得階層別データに比べかなり低いと思われる。このことが影響を及ぼしているのではないかと考えられる。

Consumption Insuranceの理論に従えば、消費は初期資産に依存し、生産ショックに影響を受けない。それゆえ、消費と生産の分散も相関しない。そこで、消費の対数値の分散に所得の対数値の分散を回帰させることで検証を試みた。図5.1のデータを用いて推定を行った結果は、以下の通りである。

第5章　Consumption Insurance

$$VC = 0.012 - 0.031\, VY \qquad (5.9)$$
$$(8.66)\,(-0.77)$$

ここでVCは、家計最終消費支出の対数値の標本分散を、VYは、県内総生産の対数値の標本分散を表す。括弧内は、t値を表す。以上の結果から、生産分散は、消費の分散に影響を与えていないことが分かる。それゆえ、都道府県間のリスクシェアリングが完全であることが否定できない[3]。

しかしこの推定に用いられた標本数は19である。もし誤差項が正規分布にしたがっていなければ、標本数が少ない。そこでEfron(1979)によるBootstrapを用いてパラメータの標本累積分布を作成し、信頼区間を求める。求めた信頼区間より、VYがVCに影響を及ぼしているか否かについての考察を行う。Boostrapの手法については、**補論2**でおこなう[4]。

その結果、推定値-0.031に対する95％の信頼区間は、$\{-0.105, 0.0376\}$であった。それゆえやはり零であることが棄却できない。**図5.2**にBootstrapによるシュミレーションによるパラメータのヒストグラムをしめしている。

上で求められた信頼区間は、推定値に基くものである。ここでバイアス

［図5.2］

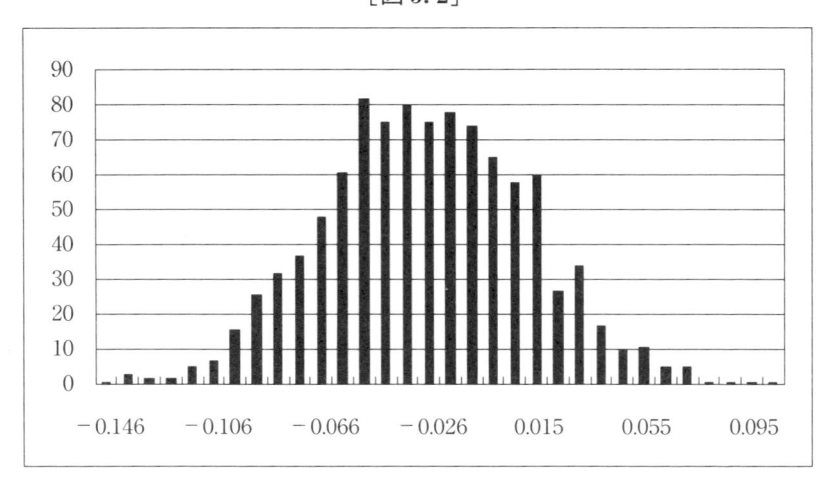

[1] 日本におけるConsumption Insuranceの検証

は、考慮されていない。バイアスとは、以下のような真のパラメータβと推定値$\hat{\beta}$との差である。

$$bias = \beta - \hat{\beta} \qquad (5.10)$$

それゆえ、Bootstrap sampleからバイアスの推定値を求めることができる。

$$\widehat{bias} = \hat{\beta}^* - \hat{\beta} \qquad (5.11)$$

ここで$\hat{\beta}^*$は、Bootstrap sampleの平均値をあらわす。(5.10)式および(5.11)式より、真のパラメータは、以下の(5.12)式のようにあらわすことができる。

$$\beta = 2\hat{\beta} - \hat{\beta}^* \qquad (5.12)$$

このことから、信頼区間についても同様に以下の(5.13)式を導くことができる。

$$\{2\beta - \hat{\beta}^*(\alpha),\ 2\beta - \hat{\beta}^*(1-\alpha)\} \qquad (5.13)$$

ここで$\hat{\beta}^*(\alpha)$は、$100 \cdot \alpha\%$の$\hat{\beta}^*$の値をあらわす。それゆえ、(5.13)式を用いて、(5.9)式の信頼区間を求めた。その結果、推定値-0.031に対する95%の信頼区間は、$\{-0.099,\ 0.0439\}$となり、やはり零であることが棄却できなかった。それゆえ地域間でのリスクシェアリングがなされているとの結果が得られたのである。

以上をまとめると以下のようにいうことができる。ここでは、日本において、地域的なショックが、地域間で保証されているか否かについて、Mace (1991)、Cochrane (1991)等による所得の変化に対する消費の変化の変動と不平等度を用いて実証分析を行った。

もしConsumption Insuranceが成立しているならば、地域間リスクシェアリングは、十分条件となる。それゆえ、Consumption Insuranceが成立していない場合、地域間リスクシェアリングの検証は、重要な検証となるのである。

第5章　Consumption Insurance

　ここで得られた結果は、日本における完全な地域間リスクシェアリングを支持するものであった。つまり日本において保険市場の完全性は、地域間において機能を果たしていることを意味する。このような結果が得られた要因として、Townsend (1995)のリスクシェアリングについての考察が有益であると考える。Townsend (1995)は、所得格差が小さいほどリスクシェアリングがなされ易いと述べている。日本の所得格差は、諸外国に比べて小さい。このことが、結果を支持する要因となるのではなかろうか。

[2] 政府支出の安定化機能

　ここでは、所得保険の拡張モデルとして、政府支出の安定化機能について考察を行っていく。

　政府は、失業、病気、災害、地域不況といった消費者のショックに対してどのように安定化政策を図るであろうか。政府による税、補助金といった財政政策は、所得の安定化を通して消費者の効用の安定化に対する役割を持つ[5]。これに対して、Bailey (1971)、Barro (1981)等は、消費財やサービスへの政府支出が、消費者の効用を増加させる影響を考慮している。つまり、各個人の消費は、政府支出と代替可能であるという。もし政府支出が、家計の消費と家計の効用において代替性を持つのであるならば、Zoega (1997)において述べられているように、政府支出が生産ショックの影響を直接安定化させるToolとなるであろう。

　この政府支出と消費の代替性については、Aschauer (1985)、井堀(1986)、Graham (1993)、Karras (1994)、Darby and Malley (1996)、Ni (1995)等によって異時点間の最適化問題を用いた実証研究が行われてきた。

　Bailey (1971)が言うように、政府支出も含めた有効消費が効用をもたらすとするならば、政府支出が、家計の効用平滑化に寄与するToolとなりうる。もし政府支出が、個々の家計のショックを平滑化しうるならば、個々の家計のショックは、政府支出と負の相関を持つであろう。たとえば、税・

[2] 政府支出の安定化機能

補助金による安定化以外に、政府が、政府サービスによって、地域住民の効用を補塡することで、効用の平滑化を行うというものである。

Aschauer (1985)のモデルにおいて、利子率は一定と仮定されている。これに対して、第3章で見たように日本において利子率が消費の経路に影響をもたらしていると思われる。ここでは、所得保険のフレームワークを用いて、最適化問題の一階の条件から政府支出が、家計に効用をもたらすか否かの実証モデルの導出を行った。それゆえ利子率の影響を無視することなく政府支出と家計の消費との代替性について検証を行いうるのである。

[2.1] 理論的フレームワーク

所得保険が完備されているならば、消費者は、資本市場、税・補助金、金融市場を通して彼らの有効消費は計画された最適化経路を実現する[6]。政府支出が、直接家計の効用に影響をもたらし得るとするならば、social plannerは、各期において次式を最大化する。

$$\max \quad \sum_{j=1}^{J} \omega^j \sum_{\tau=1}^{S} \rho(s_{\tau t}) U[c_t^{*j}(s_{\tau t}), d_t^j(s_{\tau t})] \quad (5.14)$$

$$但し、\sum_{j=1}^{J} \omega^j = 1 \quad \rho(s_{\tau t}) \in [0, 1] \quad \sum_{\tau=1}^{S} \rho(s_{\tau t}) = 1$$

ここで$\rho(s_{\tau t})$は、t期にτが起こる確率を示す。J人の個人が、存在するとする。ω^jは、social plannerのある個人jへのウエイトであり[7]、時間に依存しないものと仮定する。$d_t^j(s_{\tau t})$は、選好ショックである。$c_t^{*j}(s_{\tau t})$は、個人jのt期における事象τが生じた時の有効消費である。この有効消費は、以下のように定義される。

$$c_t^* = c_t + \theta g_t \quad (5.15)$$

ここでc_tとg_tは、それぞれ家計の消費と政府支出である。またθは、c_tとg_tの限界代替率である。

ここで、政府の存在を考えるため、総資源制約は以下となる。

第5章 Consumption Insurance

$$s.t. \quad \sum_{j=1}^{J} c_t^j(s_{\tau t}) + \sum_{j=1}^{J} g_t^j(s_{\tau t}) = \sum_{j=1}^{J} y_t^j(s_{\tau t}) \tag{5.16}$$

ここで、(5.15)式を用いて書き直すと、

$$s.t. \quad \sum_{j=1}^{J} c_t^{*j}(s_{\tau t}) + (1-\theta)\sum_{j=1}^{J} g_t^j(s_{\tau t}) = \sum_{j=1}^{J} y_t^j(s_{\tau t}) \tag{5.17}$$

となる。それゆえ social planner の最大化問題は、(5.17)式の制約の下で(5.14)式を最大化するものである。この時、一階の条件は、

$$\omega^j U_{c^*}(c_t^{*j}(s_{\tau t}), d_t^j(s_{\tau t})) = \lambda_t. \tag{5.18}$$

となる。ここでλはラグランジュ乗数を、U_{c^*}は、有効消費の限界効用をあらわす。ここで以下のような、指数型の絶対的リスク回避度一定の効用関数を仮定する。

$$U[c^*, d] = -\frac{1}{\sigma}\exp[-\sigma(c^*-d)] \qquad \sigma > 0 \tag{5.19}$$

各個人が同じ絶対的リスク回避度を持つとするならば、t期におけるラグランジュ乗数は、各個人すべてにおいて同一となるので、

$$c_t^{*j} = c_t^{*a} + \frac{1}{\sigma}(\log \omega^j - \omega^a) + (d_t^j - d_t^a) \tag{5.20}$$

$$\text{但し、} c_t^{*a} = \frac{1}{J}\sum_{j=1}^{J} c_t^{*j} \quad \omega^a = \frac{1}{J}\sum_{j=1}^{J}\log \omega^j \quad d_t^a = \frac{1}{J}\sum_{j=1}^{J} d_t^j$$

となる。(5.15)式を用いて書直すと、(5.20)式は以下のように書き表すことができる。

$$c_t^j + \theta g_t^j = c_t^a + \theta g_t^a + \frac{1}{\sigma}(\log \omega^j - \omega^a) + (d_t^j - d_t^a) \tag{5.21}$$

ウェイトは時間によって変化しなものとすると[8]、一階の階差をとると以下のように書き表すことができる。

$$\Delta c_t^j = \Delta c_t^a + \theta \Delta g_t^a - \theta \Delta g_t^j + (\Delta d_t^j - \Delta d_t^a) \tag{5.22}$$

[2] 政府支出の安定化機能

但し、$c_t^a = \frac{1}{J}\sum_{j=1}^{J} c_t^j \quad g_t^a = \frac{1}{J}\sum_{j=1}^{J} g_t^j$

ここでu_t^jは、選好ショックである。選好ショックと政府支出は、相関を持ちうるため、推定には、操作変数法を用いる必要がある。

さらに推定においては、多重共線性を考慮し、消費と政府支出のそれぞれの平均値からの乖離を求め、消費と政府支出の関係を推定する。それゆえ推定式は、以下の(5.23)式で与えられる。

$$\Delta c_t^j - \Delta c_t^a = -\theta(\Delta g_t^j - \Delta g_t^a) + u_t^j \tag{5.23}$$

(5.23)式から、消費と政府支出のそれぞれのアグリゲートなショックからの乖離は、政府支出と消費が代替性を持つならば、負の関係を持つ。

[2.2] 推 定

推定には、「県民経済計算年報」より県別データを用いる。それゆえ、政府支出の個々人間のオーバーフローへの影響をある程度回避し得ると考える。県単位の集計値を用いるため、グループの平均は、県別データの平均と異なる。それゆえ、各グループごとの平均値を計算しそれぞれが属するグループからの乖離の数値dc^r及びdg^rの項を予め作成し、以下の(5.24)式により推定する。

$$\Delta dc_t^r = \beta_1 + \beta_2 \Delta dg_t^r + u_t^r \quad (\beta_2 < 0) \tag{5.24}$$

但し、$c_t^r = \frac{1}{J_r}\sum_{j=1}^{J_r} c_t^j \quad g_t^r = \frac{1}{J_r}\sum_{j=1}^{J_r} g_t^j$

$dc^r = c^r - c^{ar}, \quad dg^r = g^r - g^{ar}$

ここで、c^rとg^rは、それぞれ、各都道府県の一人当たりの家計の最終消費支出と政府最終消費支出である。c^{ar}およびg^{ar}は、それぞれ地域rが属するグループ全体の一人当たり平均の家計の最終消費支出と政府最終消費支出である。また、集計値を用いたため、攪乱項の期待値は、零とはならないので、定数項β_1は零とならないことがある。

第5章　Consumption Insurance

（データ）

ここで用いたデータは、以下のとおりである。データは、経済企画庁編「県民経済計算年報」による。用いたデータの期間は、1975年度から1993年度までである。全てのデータは、一人当たりの1985年価格による実質値である。消費のデータには、それぞれの都道府県の家計による最終消費支出を用いた。政府支出には、政府最終消費支出を用いた。県内総生産は、その県の産業の実質付加価値として定義されたものを用いた。

（推定結果）

推定期間のデータをプーリングし、最小二乗法によって推定を行った結果は、以下のとおりである。推定に用いた標本数は、846である。括弧内は、標準誤差をあらわす。

$$\Delta dc_t^r = -1954.30 - 0.053 \Delta dg_t^r$$
$$(858.49) \quad (0.20)$$

推定の結果、符号条件は満たしているが、係数は通常の有意水準の下では有意な結果が得られなかった。

しかし推定式は、第1に、データが集計値データであり、人数あるいは地域特性による分散不均一がある。第2に、選好のショックは、政府支出と相関を持つ。このため、操作変数法を用いる必要がある[9]。さらに第3に、各期の選好ショックは、他期の選好ショックと複雑な相関を持つ可能性がある。そのため、各年度の推定式を連立方程式として各年度のパラメーターが等しいとの制約を置き、分散の不均一を考慮するため、GMMを用いて推定を行った[10]。また、測定誤差は存在しないと仮定し、操作変数には、定数項および総生産の各年度の平均値からの乖離を用いて推定を行った。推定結果は、以下のとおりである。括弧内は、標準誤差をあらわす。またp_jは過剰識別検定のp値をあらわす。

$$\Delta dc_t^r = -353.97 - 0.596 \Delta dg_t^r \quad p_j = 0.56$$
$$(730.14) \quad (0.29)$$

[2] 政府支出の安定化機能

　上記のように、符号条件を満たし、有意な推定結果が得られた。推定値は、約0.6であった。Aschauer (1985)では、約0.2との結果が、またAschauer (1985)のモデルを、日本のデータを用いて推定を行った井堀(1986)では、1.86との結果が得られている。それゆえここで得られた結果は、妥当な値であると思われる。

　以上の結果を集約すると以下のようになる。ここでは、政府の安定化機能の一つとして、政府支出によって、家計の効用の平滑化が、達成されうるか否かの検証を行った。これは通常安定化機能として働く、税・補助金に加えて、政府が、家計の安定化に対する、択一的なToolを持ちうるのではないかとの視点に基づく検証である。このことを検証するために、Bailey (1971)による政府支出を含む有効消費が consumption insurance の目的となるとのモデルを提示した。モデルの推定には、集計されたデータである県別データを用いた。推定の結果、政府は、直接家計の効用の安定化を行いうるとの結果を得た。その意味で、政府支出による家計の安定化政策が可能となるものと考える。

第5章　Consumption Insurance

補論1　ウェイトの導出

　ソーシャルプランナーのウェイトは、家計の異時点間の最適化問題と比較することで導出される。

　まず異時点間の家計の効用最大化問題を考える。家計(i)の異時点間の効用最大化問題は、以下の(a2)式の制約で(a1)式を最大化するものである。

$$max \quad \sum_t \beta^t u(c_t^i) \tag{a1}$$

$$s.t. \quad \sum_t p_t c_t^i \leq \sum_t y_t^i + \sum_t p_t a_t^i \quad (<\infty) \tag{a2}$$

ここでβは時間選好因子を、uは効用関数を、cは消費をあらわす。またpは価格を、aは資産をあらわす。このことから、消費に関する一階の条件は、以下の(a3)式で与えられる。

$$u'(c_t^i) = \lambda^i p_t \tag{a3}$$

ここでλ^iは、ラグランジュ乗数であり、個々人間での貸し倒れ等が発生しない限り、時間を通じて、個々人のラグランジュ乗数の比率は、変化しない。

　つぎにt期における社会全体の効用最大化問題を考える。t期における社会全体の問題は、限界効用がconvexである限り、その和の形であらわすことができるので、social plannerの最大化問題として解くことができる。それゆえ、以下の(a5)式の制約の下で、(a4)式の最大化をおこなう。

$$max \quad \sum_i \omega^i u(c_t^i) \tag{a4}$$

$$s.t. \quad \sum_i c_t^i \leq C_t \tag{a5}$$

それゆえ以上の問題の消費に関する一階の条件は、以下の(a6)式のとお

補論 1　ウェイトの導出

りである。

$$\omega^i u'(c_t^i) = \gamma_t \tag{a6}$$

ここで γ_t は、ラグランジュ乗数であり、各家計をとおして t 期において同一である。それゆえ、(a3)式と(a6)式を比較することで、以下の関係が成り立っていることがわかる。

$$\begin{cases} p_t = \gamma_t \\ \omega^i = 1/\lambda^i \end{cases} \tag{a7}$$

それゆえウェイト ω^i は、異時点間の最適化問題におけるラグランジュ乗数に依存することがわかる。このラグランジュ乗数は、どのようなインプリケーションを持つかについて以下で検討をおこなう。

ある家計(i)の総資産(w^i)が有限であるならば、ワルラス法則の下で、以下の(a8)式、

$$p_t \frac{\partial c_t^i}{\partial w^i} = 1 \tag{a8}$$

が成りたっている。

(a3)式は、以下のように整理することができる。

$$\frac{\partial u}{\partial c_t^i} \cdot \frac{\partial c_t^i}{\partial w^i} = p_t \frac{\partial c_t^i}{\partial w^i} \lambda^i \tag{a9}$$

(a9)式に(a8)式を代入し、整理することで以下の(a10)式が得られる[11]。

$$\frac{\partial u}{\partial w^i} = \lambda^i \tag{a10}$$

(a10)式より、social planner のウェイト ω^i は、資産の限界効用の逆数となることがわかる。

第5章　Consumption Insurance

補論2　Bootstrap Methods

単純線型回帰モデルについてのBootstrap Methodsについて、簡単に説明をおこなう[12]。

以下のような標準的な線型回帰モデルを考える[13]。

$$Y = X\beta + \varepsilon \tag{b1}$$

ここで、Xは($n \times k$)の独立変数行列であり、βは($k \times 1$)の係数ベクトルであり、Yは($n \times 1$)の従属変数ベクトルである。またεは($n \times 1$)の誤差項ベクトルである。

(b1)式を、最小二乗法によって推定を行い、以下のように推定誤差を計算する。

$$\hat{\varepsilon}_i = Y_i - \hat{Y}_i \tag{b2}$$

ただし、$\hat{Y} = X\hat{\beta}$である。これらの推定誤差に対し、ランダムにリサンプリングを行う。このリサンプリングされた、推定誤差ベクトル($\hat{\varepsilon}_b^*$)を、$\hat{Y}$ベクトルに加える。

$$Y_b^* = \hat{Y} + \hat{\varepsilon}_b^* \tag{b3}$$

このようにして得られた、Bootstrapを行った従属変数を用いて、$\hat{\beta}_b^*$の推定を行う。

$$Y_b^* = X\hat{\beta}_b^* + \hat{u} \tag{b4}$$

(b3)および(b4)の操作をB回繰り返すことで、$\hat{\beta}$の標本分布を得る。この分布と通常のt検定を行う標本分布は、同一であるとみなせる。この標本分布をもとに、$\hat{\beta}$の累積分布関数$\hat{F}^*$の推定値を求める。この$\hat{F}^*$を用いて、$\hat{\beta}$の信頼区間が求めることができるのである。

---

1) 林(1996)では、「所得保険」と訳されている。

補論2　Bootstrap Methods

2) Consumption Insurance の理論分析については、たとえば Townsend (1987)を参照。
3) 年次の分散不均一を考慮した White による t 値によっても、生産の分散が消費の分散に影響することはないことが、棄却できない。
4) Bootstrap の推定は、Microsoft EXCEL のマクロを用いて作成した。作成において、笠井由紀さんの協力を得た。記して感謝の意を表したい。EXCELを用いた Bootstrap の作成については、Willemain (1994)がある。
5) 例えば Bayoumi and Masson (1995)が、税・補助金の安定化機能の分析を行っている。
6) Asdrubali et al. (1996)は、各市場の安定化への寄与についての分析を行っている。
7) 　政府の異時点間の最大適化問題は以下の通りである。

$$max \sum_{t=1}^{T} \beta^t \sum_{\tau=1}^{S} U[c_t^{*j}(s_{\tau t}), b_t^j(s_{\tau t})]$$

$$s.t. \sum_{t=0}^{T}(1+r)^{-t} p_t c_t + \sum_{t=0}^{T}(1+r)^{-t} p_t^{gj} g_t$$

$$= \sum_{t=0}^{T}(1+r)^{-t} Y_t + \sum_{t=0}^{T}(1+r)^{-t} TAX_t + A_0 + B_0$$

ここでY_tは労働所得を、TAX_tは税を、A_0は資産を、$B0$は政府債を表す。また、$p_t^{gj} = \gamma^j p_t^g$とする。この時$p_t^g$は、Zoega (1997)で述べられている消費支出と政府支出の効率性の違いをしめす。またγ^jは、個人 j のウェイトをしめす。
　それゆえ政府支出による一階の条件は、以下のようになる。

$$\theta U_g[C_t^{*j}(s_{\tau t}), b_t^j(s_{\tau t})] = p^{gj}\lambda_j = p_t^g \delta_j$$

　　但し、$\delta_j = \gamma^j \cdot \lambda_j$

それゆえ、δ_j以外は、共通であるからδ_jが各個人の効用水準を決定する。
8) 政府の公平性の最終目的は不変であるとする。
9) 例えば、Attanasio and Davis (1994)、Aschauer et. al. (1996)が、パネルデータにおける分散不均一に時間的な相関が生じる際の推定方法を示している。
10) 推定には、TSPバージョン4.4を用いている。
11) (a10)式の導出については、Bellman's equationからの導出方法がある(たとえば Sargent (1987))。
12) Bootstrap の入門書としては、Efron, B. and Tibshirani, R.J. (1993)および Mooney, C.Z. and Duval, R.D. (1993)等がある。
13) 経済モデルへの応用例については、Vinod (1993)がある。

第6章　資産価値の効用

　本章の目的は、資産保有が効用を高めるか否かについて、実証分析を行なうことである。つまり、日本において貨幣、株式、土地、家屋といった資産保有自体がそれによってもたらされる将来消費以上に家計の効用を高めるか否かについて分析を行なうものである。
　家計は将来、消費する目的だけで資産を貯えるのであろうか。消費関数における代表的仮説である恒常所得仮説においては、資産は将来の消費を行なうためのToolとしてとらえられている。そのためこの仮説によれば、家計の効用は、消費のみによって高められ、その個人の持つ資産残高によって効用が高まるということはない。
　しかし、資産の保有によって将来の消費以上に便益が得られるという考えが、Fisher (1930)において示されている。Fisherは、資産からビジネスを行なう楽しみ、資産によってもたらされる社会的地位、社会的権力、また所有もしくはその蓄積過程を楽しむことによって便益を得ていることを指摘した。つまりFisherは、資産は保有すること自体、効用をもたらすにもかかわらず、通常、将来の消費の代替物としての価値を持つに過ぎないものであると扱われていることを批判している。さらにSteedman (1989)は、Fisherの指摘に依拠した上で、資産は人生の成功の度合いを示すこと、自由な行動を保障するといった要因により、将来の消費以上の効用が得られることを指摘している。そしてSteedmanは、資産保有が効用をもたらす場合の消費の成長率を示し、労働所得が一定である場合にも、正の資産保有が存在すれば消費の成長率は正であるとの結論を導いている。Keynesも、資産保有が将来の消費のためだけになされるのではなく、保有そのものが目

第6章 資産価値の効用

的となると述べている。特に日本においては、倹約・質素を美徳とする「勤倹貯蓄」思想もまた資産が効用をもたらしうる要因となっていると考えられよう[1]。

さらに、資産が効用をもたらすことを認めた場合、老年期における正の貯蓄を説明しうることを Zou (1995)が証明している。資産が効用を高めるとするならば、Zouは、こうした資産による効用は、capitalist spiritによるものであり、高い capitalist spirit が、高い貯蓄の原因であると述べている。またKurz (1968)は、資産保有が効用をもたらすものとして成長モデルを想定し、この場合には、多数の定常点が存在することを指摘している。Gylfason (1995)においても、効用関数に資産を含めて内生的成長モデルが分析され、貯蓄と利子率がRamseyのいうようなダイレクトなものではないことが示されている。そしてこのことは、これ以前の貯蓄と利子率の実証段階における失敗を説明しうるものであるとGylfasonは述べている。

こうした資産保有そのものから効用が得られるというモデルに関する先駆的研究として、Sidrauski (1967)による Money in Utility Modelがあげられるであろう。このモデルは、流動性サービスあるいは貨幣保有が取引費用を引き下げることによって、貨幣の保有が効用を増加させるというものである。小野(1991)は、貨幣の取引動機だけから、貨幣の限界効用が正であり続けるということは困難であり、貨幣の持つ流動性の概念をさらに拡大して、富(資産)そのものが現時点での富の所有者に効用をもたらし、その限界効用が正であると述べている[2]。

それゆえ、貨幣に限定せず、株、土地、家屋といった資産が効用をもたらすモデルの実証研究がなされることは、極めて重要であろう。そこで本章では、[1]において総資産が効用に影響をおよぼすモデルを、[2]において耐久消費財に資産価値が認められ得るか否かについての実証分析をおこなう。

[1]　資産保有と消費の代替性

　一財の消費財および一財の資産から効用を得る代表的個人を仮定する。また部分均衡を考え、労働は所与とする。資産保有が効用を高めるとするならば、代表的個人の動学的最適化問題は、(6.2)式の制約の下で(6.1)式を最大化するものである[3]。

$$max \quad U_t = E_t\left[\sum_{i=0}^{\infty} \beta^i u(c_{t+i},\ a_{t+i-1})\right] \quad (6.1)$$

$$s.t. \quad a_{t+i} = (1+r_{t+i})a_{t+i-1} + y_{t+i} - c_{t+i} \quad (6.2)$$

ここで、c_tは、t期における実質消費を、βは、時間選好因子[4]を、uは、$u'>0$, $u''<0$となる効用関数をあらわす。また、a_tは、t期末における資産であり、y_tは、t期における税引後実質労働所得である[5]。r_tは、$t-1$期末の資産からt期末に実現する実質収益率をしめしている。E_tは、t期時点において利用可能な情報にもとづく条件付き期待値演算子をあらわす。

　ここで効用関数を以下のように想定する[6]。

$$u(c_t, a_{t-1}) = \frac{\{(c_t + \theta a_{t-1})^{(1-\alpha)}\} - 1}{1-\alpha} \quad (\alpha>0,\ \alpha \neq 1) \quad (6.3)$$

$$u(c_t, a_{t-1}) = \log(c_t + \theta a_{t-1}) \quad (\alpha = 1) \quad (6.3)'$$

ここでαは、相対的リスク回避度を示す。このとき家計は、(6.3)式の効用関数をもちいて、(6.2)式の制約の下で、(6.1)式を最大化する効用最大化問題に直面する。ここでのラグランジュ関数Lは、以下のとおりである。

$$L = E_t\left[\sum_{i=0}^{\infty} \beta^i \left(\frac{(c_{t+i} + \theta a_{t+i-1})^{1-\alpha} - 1}{1-\alpha}\right)\right.$$
$$\left. - \sum_{i=0}^{\infty} \lambda_i (a_{t+i} - (1+r_{t+i})a_{t+i-1} - y_{t+i} + c_{t+i})\right]$$

ここでλは、ラグランジュ乗数をあらわす。このとき消費と資産による一階の条件はそれぞれ、以下のとおりである。

第 6 章　資産価値の効用

$$L_{c_{t+i}} = E_t[\beta^i(c_{t+i} + \theta a_{t+i-1})^{-\alpha} - \lambda_i] = 0$$

$$L_{a_{t+i}} = E_t[\beta^{i+1}\theta(c_{t+i+1} + \theta a_{t+i})^{-\alpha} - \lambda_i + (1 + r_{t+i+1})\lambda_{i+1}] = 0$$

それゆえ、家計の効用最大問題から得られる異時点間の最適化条件は、次のオイラー方程式によって表される。

$$E_t\left[\left\{\frac{c_t + \theta a_{t-1}}{c_{t+1} + \theta a_t}\right\}^{-\alpha} - \beta(1 + r_{t+1} + \theta)\right] = 0 \qquad (6.4)$$

ここでθは、消費と資産の代替率を示している。もしθがゼロであれば、(6.4)式は、資産保有が効用に影響しない場合の、最適化条件に帰着する。次に、この(6.4)式を用いて、資産保有が効用にどの程度影響を及ぼしているかについて推定を行う。

[1.2]　推　定

(1.2.1)　データ

本章で用いたデータは以下のとおりである。推定には、年次データを用いている。推定期間は1959年から1994年とした。それゆえ標本数は36である。データは、経済企画庁編の『国民経済計算年報』を用いている。消費のデータには、家計の最終消費支出を1990年基準のインプリシット・デフレーターで実質化し、その年の10月1日の推計人口で割ったものを用いた。資産には、前年末の値を家計の正味資産残高[7]とし、前年第4四半期の消費のインプリシットデフレーターで実質化し、その年の10月1日の推計人口で割ったものを用いた。(6.4)式の推定に用いる利子率は、資産には実物資産が含まれるため、以下のように作成した。純財産所得に家計の資産の調整勘定を加えたものを正味資産残高で割り、前年第4四半期の消費のインプリシット・デフレーターで実質化したものを利子率として用いた。用いた実質利子率は**表6.1**及び**図6.1**に示した。

[1] 資産保有と消費の代替性

[表6.1]
家計の収益率

1956	8.03%	1969	15.35%	1982	3.07%
1957	5.12%	1970	8.11%	1983	2.56%
1958	7.03%	1971	11.12%	1984	2.07%
1959	7.49%	1972	32.45%	1985	5.05%
1960	13.76%	1973	10.22%	1986	17.04%
1961	7.50%	1974	−19.94%	1987	20.34%
1962	6.68%	1975	−2.14%	1988	8.92%
1963	0.36%	1976	−1.26%	1989	12.60%
1964	6.81%	1977	0.93%	1990	0.91%
1965	0.98%	1978	6.65%	1991	−5.59%
1966	9.09%	1979	10.68%	1992	−8.86%
1967	10.43%	1980	5.39%	1993	−2.11%
1968	12.12%	1981	6.47%	1994	−0.80%

[図6.1]
家計の収益率

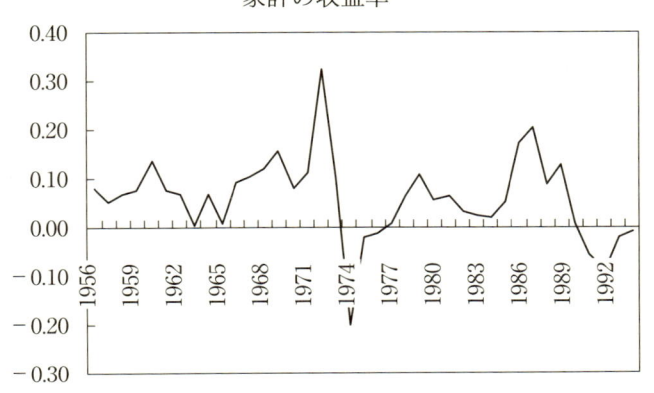

第6章　資産価値の効用

(1.2.2)　推　定

（6.4）式を推定するためには、いずれか一つのパラメータを与える必要がある。時間割引因子（β）は、主観的割引率（d）を用いると、$\beta = 1/(1+d)$である。それゆえ、主観的割引率（d）は、零以上のパラメータである。そこで、主観的割引率（d）を0から1の範囲で0.01間隔で外生的に与え、過剰識別検定（Jテスト）の結果より、主観的割引率（d）の値を決定した[8]。推定には、TSPバージョン4.3Aを使用し、GMMを用いて、分散不均一および誤差項の相関を考慮した。操作変数には、いずれの推定にも、定数項、1期前、2期前の消費の変化分、資産の変化分、実質収益率を用いた。パラメータの初期値はいずれも零である。

その結果、図6.2に示すように$d = 0.12$においてJテストのp値が最大となった。

主観的割引率（d）を0.12として、推定を行った結果を**表6.2**に提示した。ただし、括弧内は標準誤差を、Jテストの数値はp値を示している。

以上の結果、消費と資産の限界代替率、相対的リスク回避度は、いずれも符号条件をみたし、かつ通常の有意水準の下で有意であった。推定結果より、消費と資産保有の限界代替率は、0.11であった。

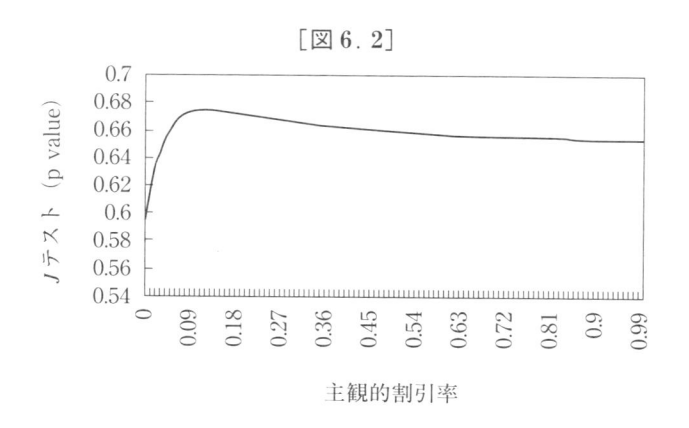

［図6.2］

[1] 資産保有と消費の代替性

[表6.2]

$d=0.12$を外生的に与えた結果

θ（代替率）	0.111 (0.00999)**
α（相対的リスク回避度）	0.848 (0.153)**
過剰識別検定	0.675

**は、1％の有意水準で有意であることを示す。

　主観的割引率は、約12％で、Jテストのp値が最大値をとっている。この値は、通常用いられている[9]2％から大きく離れた値をとなった。それゆえ24年後には割引現在価値が、5％以下となる。これに対し、通常用いられる2％の主観的割引率を用いて、割引現在価値が5％以下となるのは、約150年後である。佐藤(1995)では、目標資産仮説をもちいて、日本における家計の消費・貯蓄計画期間の推定を行い、消費・貯蓄計画の期間は、10年から15年までであるとの推計を行っている。それゆえ、ここで得られた結果は、支持しうると言える。

　以上の結果より以下のような結論を導くことができる。家計の資産保有は、通常の恒常所得仮説において、将来の消費を行うToolとして捉えられている。そのため、ある時点における資産残高そのものが、効用へ影響をもたらすことはない。しかし資産残高の大きさがもたらす他者からの評価が自己の効用を高めることは、容易に考えられるであろう。

　ここでは、資産保有による効用が有意であるとの結果が得られた。そしてこの資産保有と消費の限界代替率は0.11であった。ここでの資産保有による効用は、将来の消費を期待しないもので、消費することなく終わっても得られる大きさをしめしている。また推定結果から、主観的割引率は、12％との結果が得られた。それゆえ近視眼的な消費行動を説明しうるとい

う点からも、資産保有を効用に含めたモデルは支持しうるモデルといえよう。

［2］ 耐久消費財の資産価値

ここでは、耐久消費財が、財そのものからのサービスフロー以上の便益を資産価値によってもたすか否かについての実証研究を行う。つまり消費者が耐久消費財を購入するインセンティブについて資産価値という側面から検討をおこなう。

家具、テレビ、衣服、食器といった耐久性を持つ消費財は、食品、サービスといった耐久性を持たない消費財と比較した場合、財がもたらす便益は、性格を異にするといえよう。なぜならば、耐久性を持つ財は、消費(その財からのサービスフローを受ける)過程において、一定期間その消費者によって所有される。それゆえそのサービスフローに加えて、他人へ財を誇示する機会を得ることによって、消費者の顕示欲を満たすと考えられるからである。消費者が、耐久消費財を資産と見做し、このような資産価値を、耐久消費財にもつと考えることが可能となるであろう。耐久消費財は、消費者によって所有を伴ってその消費者にサービスフロー、いわゆる便益をもたらす。それゆえ耐用年数内においては、資産と考えうる。こうした耐久消費財の資産価値は、自己の顕示欲を満たすために得られるものであるから、池田・筒井(1996)が提示した外部性を持つ財と考えることができるであろう。

池田・筒井は、外部性を及ぼしあう二人の消費者を想定した場合、相互にプラスの外部性を与え合っている消費者に対して、社会的リスク回避度パラメータは、個々の消費者の純粋なリスク回避度パラメータよりも小さくなると述べている。

池田・筒井のいう「外部性」を根拠として論考すれば以下のように言える。つまり耐久消費財は、一定期間所有するため、非耐久消費財に比べ、

他人に対して誇示することによって外部性を伴うと考えられる。家計が耐久消費財に資産価値を持つ場合、この外部性によって、サービス・フロー以上の効用を得ているものと考え得るであろう。それゆえ耐久消費財は、このような資産価値を持たない非耐久消費財やサービス財といった消費財よりもリスク回避度のパラメータは、小さくなるであろう。資産価値の存否を分析したものではないが、Mankiw (1985)は、アメリカのデータを用いて耐久消費財と非耐久消費財のリスク回避度の比較を行った。推定の結果、耐久消費財によるリスク回避度が非耐久消費財よりも小さいとの結果を得ている[10]。

そこで、耐久性を持つ財と持たない財のリスク回避度のパラメータの比較を行うことにより、日本において耐久消費財が資産価値を持つか否かの実証研究を行う。

[2.1] モデル

通常仮定されるcomposite commodity theoryの下では、一組の財を包括的に一財として捉えるものとする。それゆえ効用関数は、以下のように書き表すことができる。

$$U = u(c_1 + c_2 + \cdots\cdots + c_N) \qquad (6.5)$$

ここで、c_iは、第i財の消費をあらわす。ただし、効用関数uは、$u' > 0$, $u'' < 0$である。この定理のもとでは、各財ごとの完全な代替性が前提となる。しかし、食料品と家具、光熱費と宝石といったものが、完全な代替性を持つと考えるのは困難であろう。それゆえ、加法分離性の仮定の下で、以下のような効用関数がより好ましい。

$$U = u(\bar{c}_d) + u(c_n)\cdots \qquad (6.6)$$

ここで、耐久消費財に関しては、財を所有する期間が生じる。それゆえ、サービスフローそのものだけではなく資産価値から得られる効用が考えられる。その場合、耐久消費財のリスク回避度パラメータは、非耐久消費財

第6章 資産価値の効用

のそれよりも小さくなる。

そこで、耐久消費財および非耐久消費財のいずれもがCARA（絶対的リスク回避度一定）型の効用関数ではあるが、リスク回避度のパラメータが異なる場合を考える。それゆえ、効用関数は以下のとおりである。

$$U_t = \left\{-\alpha \exp\left[-\frac{\bar{c}_{d,t}}{\alpha}\right]\right\} + \left\{-\gamma \exp\left[-\frac{c_{n,t}}{\gamma}\right]\right\} \cdots \quad \alpha, \gamma > 0 \quad (6.7)$$

ここで、c_nは、非耐久消費財からのサービスフローを、$\bar{c}_d$は耐久消費財のストックからのサービスフローをあらわす。それゆえ、もし耐久消費財の資産価値によって消費者の効用が高められるとするならば、リスク回避度パラメータαは、γよりも小さくなる（$\alpha < \gamma$）。

このとき、家計は、以下のように(6.9)式の制約の下で(6.8)式を最大化することを目的とする。

$$max \quad E_t\left[\sum_{s=0}^{T} \beta^s U_{t+s}\right] \quad (6.8)$$

$$s.t. \quad A_{t+1} = (1 + r_{t+1})A_t + Y_t - C_t \quad (6.9)$$

$$\text{但し、} C_t = c_{d,t} + c_{n,t} + \cdots$$

ここで、E_tは、t期において、利用可能な情報に基づく条件付き期待値演算子をあらわす。C_tは、t期における実質総消費をあらわす。c_nは非耐久消費財支出を、c_dは耐久消費財支出をあらわす。A_tはt期首の非人的資産を、Y_tはt期の実質労働所得をあらわす。またr_{t+1}は、t期首から、$t+1$期首にかけて実現する実質収益率を、βは時間選好因子をあらわす。

2章の補論で取り上げたMankiw (1982)にもとづく、耐久消費財の動学的最適化の一階の条件は、以下のとおりである。

$$\Delta c_{d,t} = \kappa_d + \alpha \bar{r}_{d,t} - \theta_d \alpha \bar{r}_{d,t-1} + u_t - \theta_d u_{t-1} \quad (6.10)$$

$$\text{但し、} \Delta c_{d,t} = c_{d,t} - c_{d,t-1}$$

ここで$\bar{r}_{d,t}$は$t-1$期首からt期首にかけて実現する耐久消費財のデフレーターで実質化された実質収益率をあらわす。θ_dは、t期に購入された財

[2] 耐久消費財の資産価値

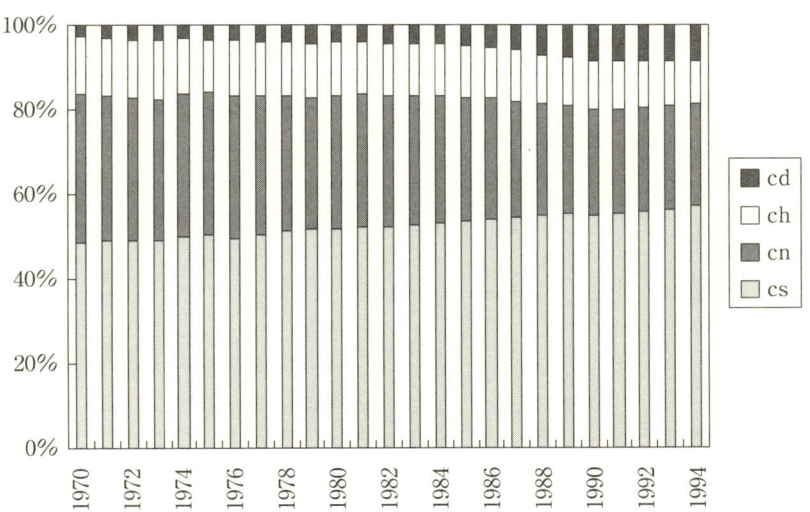

[図6.3]

の$t+1$期のサービスフローの割合である。それゆえ1から減耗率を引いた値に等しい。もし非耐久消費財が耐久性を持たないならば、非耐久消費財による一階の条件は、以下のとおりである。

$$\Delta c_{n,t} = \kappa_n + \gamma r_{n,t} + u_t \tag{6.11}$$

ここで定数項は、時間選好因子および、消費と利子率の分散共分散に依存する。それゆえ、定数項の符号は正も負もありうる。

さらに、流動性制約について検証をおこなう。ただし、**図6.3**に見られるように、各時点における総消費に占める各消費財の比率は変化している。それぞれの財の内訳は**表6.3**に示すとおりである。

仮に、それぞれの財のリスク回避度のパラメータが等しければ、消費者の資源配分は一定である。これは、流動性制約に直面する消費者も含め、消費者は、与えられた所得のもとで、各期における財の最大化を行うからである。

そこで各時点の総消費に占める各消費財の比率で可処分所得を調整し、

第6章 資産価値の効用

[表6.3]

耐久消費財(c_d)	家具製品、器具、治療器具、輸送機器、ラジオ・テレビ、娯楽耐久材、宝石・腕時計
半耐久消費財(c_h)	衣服、はきもの、繊維、食器、タイヤ部品、耐久性の低い娯楽用品、部品・修理、文房具、化粧品・その他個人用品
非耐久消費財(c_n)	食料、非アルコール飲料、アルコール、たばこ、水道、光熱、非耐久財(家財・雑貨)、医薬品、ガソリン・オイル、新聞・書籍
サービス財(c_s)	総家賃、対家計サービス、家事サービス、医療サービス、入院、保険料、輸送料、通信、娯楽サービス、教育、理髪・美容院、旅館・料理店、パッケージ旅行、その他金融サービス、その他サービス

[資料] 経済企画庁

流動性制約が存在するか否かについて推定を行う。それゆえ流動性制約に直面する消費者の消費財の変化は、各期の構成比率によって変動する。ただし流動性制約に直面している世帯の比率は一定と仮定する。

$$\Delta c_{j,t} = \delta_{j,t} \Delta y_t \tag{6.12}$$

ここで$\delta_{j,t}$は、t期における第j財の全消費に占める割合をあらわす。全体のλが、流動性制約に直面するとするならば全体として、消費の変化は以下の(6.13)式のとおりである。

$$\begin{aligned}\Delta c_{j,t} =& (1-\lambda)\kappa_j + (1-\lambda)\rho_j \bar{r}_t - (1-\lambda)\theta_j \rho_j \bar{r}_{t-1} \\ &+ \lambda \delta_{j,t} \Delta y_t + (1-\lambda) u_t - (1-\lambda)\theta_j u_{t-1}\end{aligned} \tag{6.13}$$

ここでρ_jは、第j財の絶対的リスク回避度をあらわす。それゆえ推定式は、以下のとおりである。

$$\Delta c_{j,t} = a_0 + a_1 \bar{r}_t + a_2 \bar{r}_{t-1} + a_3 \delta_{j,t} \Delta y_t + \varepsilon_{j,t} \tag{6.14}$$

耐久性を持たない財である非耐久消費財およびサービス財においては、θ_jが零であるから、a_2は零であるものと期待される[11]。

[2] 耐久消費財の資産価値

利子率の実現値は、予測誤差と相関を持つため操作変数法を用いる必要がある。誤差項は、$t-1$期の予測誤差も含むため、操作変数には、$t-2$期以前の変数を用いなければならない。各期の誤差項εは、互いに相関を持つ。それゆえ推定には、効率性を上げるために、耐久消費財、半耐久消費財、非耐久消費財、サービス財について同時に(6.14)式の推定をおこなう。

[2.2] 推　定

サンプル数の確保のためには、四半期データを用いるべきである。しかし、Miron (1986), Mankiw, Rotemberg and Summers (1985)等によって指摘されるように季節調整は、データの持つ性質を歪める[12]。そこで季節ダミーの検討が考えられる。日本の消費支出のデータは、Campbell and Mankiw (1991)の言うように、季節変動そのものが変化しており、切片項に対する季節ダミーを用いることは場合よっては適切ではない。また畠中(1992)も、季節ダミーは、推定に影響を及ぼすことを指摘している。従ってここでは、年次データを用いて、同時に、推定を行う。

(2.2.1) デ　ー　タ

推定期間は、1974年から1994年である。季節調整をさけるため、ここでは、年次データを用いた。用いたデータは、以下のとおりである。耐久性の違いがサービスフロー以上の効用を生むか否かを検証するため、消費のデータは、耐久消費財、半耐久消費財、非耐久消費財、サービス財の実質値を用いた。利子率には、[1]で用いた、純財産所得に調整勘定を加えたものを前期末資産で割ったものを用いた。利子率へのデフレーターには各消費財の前年度の第4四半期のインプリシットデフレーターを用いて、実質化している。また操作変数には、いずれの推定にも定数項、$t-2$期の利子率、$t-2$期、$t-3$期の実質可処分所得の増加分、$t-2$期、$t-3$期の実

質総消費の増加分を用いた。

(2.2.2) 推　定

ここでは、係数a_3が等しいとの制約を置いて、誤差項間の複雑な相関はないと仮定し、非線型操作変数法を用いて同時に推定を行った。推定結果は以下のとおりである。

表6.4から、所有・誇示期間がある耐久消費財・半耐久消費財のリスク回避度のパラメーターよりもサービス財のリスク回避度のパラメーターは、大きいことがわかる。また、非耐久消費財も95％の信頼区間において、耐久消費財及び半耐久消費財よりも大きなリスク回避度の区間を含んでいる。更にa_3の推定結果から、5％の有意水準において流動性制約の存在は否定できない。

推定結果から、耐久性を持つ財は、所有・誇示期間があるため消費者が資産価値を消費財に持ち、サービスフロー以上の効用を得ていることが明らかとなった。

［表6.4］

	a_0	a_1	a_2	a_3
耐久消費財	50.59 (113.17)	2204.51 (1260.95)**	382.86 (931.49)	0.50 (0.087)**
半耐久消費財	6.27 (107.67)	2646.90 (1533.57)**	−1177.46 (1138.01)	
非耐久消費財	154.62 (175.57)	1195.60 (2381.39)	743.66 (1688.33)	
サービス財	1576.66 (298.30)**	5981.09 (3862.54)*	−5646.62 (3089.63)**	

＊＊は、5％水準で、＊は、10％水準で有意であることをしめす。括弧内は、標準誤差を示す。

[2] 耐久消費財の資産価値

[2.3] 耐久消費財とリース市場

耐久性を持つ財がその資産価値によりサービスフロー以上の便益を消費者にもたらしていることが [2.2] において明らかとなった。そこでこのような資産価値による便益がリース市場にどのような影響をもたらしているかについて検討する。ここでは、不確実性はないものと仮定する。

$$max \quad \sum_{s=0}^{T} \beta^s U_{t+s} \tag{6.15}$$

$$s.t. \quad M_t = p_{d,t}c_{d,t} + p_{l,t}c_{l,t} + p_{n,t}c_{n,t}\cdots \tag{6.16}$$

但し、$U_t = u(\bar{c}_{d,t}) + u(c_{l,t}) + u(c_{n,t}) + \cdots$

ここで p_j はそれぞれの価格を、c_l は、長期リース契約による財をあらわす。それゆえ c_l は、サービス財である。M は経済費支出をあらわす。

ここでは、長期リース契約に要する費用は一括前払と仮定する。減耗率は同一財に関しては、リースであっても同一である。それゆえ各財の価格比は、それぞれの限界効用の比に等しくなる。このとき同一の耐久消費財の購入価格と長期リース契約料の価格比は、以下の (6.17) 式のとおりである。

$$\frac{\sum_{s=0}^{N} u'(c_{l,t+s})}{\sum_{s=0}^{N} u'(\bar{c}_{d,t+s})} = \frac{p_{l,t}}{p_{d,t}} \tag{6.17}$$

ここで、N は耐久期間を、u' は限界効用をあらわす。推定の結果より、耐久消費財のリスク回避パラメータは、サービス財のリスク回避パラメータよりも小さいので、以下の (6.18) 式が成立する。

$$\sum_{s=0}^{N} u'(c_{l,t+s}) < \sum_{s=0}^{N} u'(\bar{c}_{d,t+s}) \tag{6.18}$$

それゆえ同一耐久消費財の購入価格とリース料の価格との関係は、以下のとおりである。

$$p_{l,t} < p_{d,t} \tag{6.19}$$

第6章　資産価値の効用

　つまり、同じサービスフローをもたらす耐久消費財における購入価格は、リース料を上回る。このため家計の消費者を対象とするリース市場では、消費者が耐久消費財に資産価値を持つために安価な価格となる。

　以上の結果をまとめると以下のようになる。耐久性を持つ消費財は、耐久性を持たない消費財に比較して、消費者自身がその財を一定期間所有する。それゆえ、消費者が耐久消費財を持つインセンティブは、サービスフローだけではなく顕示欲を満たすことにもあると考える。

　このことから、耐久性を持つ財(耐久消費財・半耐久消費財)は、所有・誇示期間において外部性を伴い、その結果、耐久性を持たない財(非耐久消費財・サービス財)に比較してリスク回避度のパラメータが小さくなる。このような外部性が存在するならば、同一の耐久消費財を提供した場合においても、購入価格は、そのリース料を上回るのである。そこで耐久性を持つ財と持たない財のパラメータの間に差異が生じているか否かについての検証を行った。その結果、耐久性を持つ財(耐久消費財・半耐久消費財)は、耐久性を持たない財(非耐久消費財・サービス財)にくらべ、そのリスク回避のパラメーターが小さいとの推定結果を得た。つまり、耐久性を持つ財から、顕示欲を満たすことによってサービスフロー以上の便益を得ているものと考え得る。このことは、継続使用されることのない(サービスフローが小さい)耐久消費財の購入はよく見られるが、リース市場においては、そのような行動がまれであることを説明しうる。

　以上のように、耐久消費財をリースにより使用することは、購入するよりも経済的合理性が伴うといえる。それにもかかわらず、耐久消費財を購入するのは、前述のように顕示欲という別の価値、いわゆる資産価値を消費者は、購入しているのである。その意味で経済的有利性だけでは説明できない、非合理性を消費者は内在させているといえる。

[2] 耐久消費財の資産価値

1) 間々田・富永(1995)は、貯蓄動機としては、戦後の高度成長期を通じて「勤倹貯蓄」思想が弱まっていることを指摘している。
2) Ono (1994)では、日本におけるMoney in Utility Modelの実証分析として消費と貨幣供給量の代替性についての実証分析が行われ、貨幣供給が効用を高めるとの結果が得られている。
3) 予算制約式は、$a_t = (1+r_t)(a_{t-1}+y_t-c_t)$とすることができるが、ここでは、利子率のデータとの整合性から(2)式を選択した。
4) $\beta = \dfrac{1}{1+d}$であり、dは、主観的割引率である。
5) yは、労働所得からlump sum taxを引いたもので定義される。
6) この効用関数を仮定した場合にも、Steedman (1989)の指摘する資産による消費の成長率への効果は保たれている。
7) 用いた正味資産は、在庫・純固定資産・再生産不可能有形資産・金融資産から負債を引いたものである。しかし日本における家計の資産データはhistorical rateを用いて計算されており過小評価されていることがHorioka (1996)等において指摘されている。
8) 限界代替率について同様に外生的に0から1まで0.01づつ動かし、推定を行った場合にも、以下のようにかなり似通った結果が得られた。

　Jテストのp値は、0.12で最大値をとり、$\theta = 0.12$における主観的割引率及び相対的リスク回避度の推定値は、それぞれ0.13と0.81であり、どちらも有意であった。またこの時のJテストのp値は、0.681であった。
9) 例えば橘木・下野(1994)を参照。
10) Mankiw (1985)では、CRRA型の効用関数を用いている。
11) しかしHayashi (1985)において例えば歯の治療などは明らかに耐久性をもつため、そのような耐久性を持たない財に分類される財についてもθ_jがpositiveになりうると指摘している。
12) Mankiw, Rotemberg and Summers (1985)は、X11についての指摘である。

あ と が き

　家計の消費行動に関する研究の歴史は古い。70年代後半に入り、ホールのマーティンゲール仮説とともに多くの合理的期待仮説、家計の効用に基づく研究がなされてきた。その研究の展開は、効用関数の拡張を通じて消費の耐久性、非期待効用仮説、所得保険等々に研究が展開していった。

　このような広がりを見せる家計の消費行動の研究について、本書は、基本的事項および筆者が特に関心を持っている分野についての実証分析を行ったものである。本書において網羅できなかった習慣形成仮説、親子間の利他主義等については、次の課題としたい。

　本書の若干の章・節は、以下の論文に加筆・修正を加えたものである。第3章1、2節「利子率の消費への影響」(1996)大阪市大論集(第82号)、第4章「日本における予備的貯蓄の検証」(1998)大経大論集(第47巻4号)、第5章2節「地域間リスクシェアリングにおける政府支出の役割」(1997)大阪市大論集(第88号)、第6章1節「消費と資産保有の代替性」(1997)経済学雑誌(第98巻2号)、2節「耐久消費財の資産価値」(1996)大阪市大論集(第85号)。

　本書の執筆にあたっては、大阪市立大学大学院において御指導いただいた大川勉教授(現大阪産業大学)、瀬岡吉彦教授(現関東学院大学)をはじめとして多くの方々に大変お世話になった。記して感謝の意を表したい。

　また出版事情の厳しい折にもかかわらず、本書の出版を快くお引き受けいただき、編集上の有益な助言をいただいた信山社の今井貴さんに心から御礼を申し上げたい。

1999年9月1日

　　　　　　　　　　　　　　　　　　　　　　　　　林　　由　子

参 考 文 献

浅子和美・福田慎一・照山博司・常木淳・久保克行・塚本隆・上野大・午来直之(1993)「日本の財政運営と異時点間の資源配分」経済分析　第131号

池田新介・筒井義郎(1996)「消費の外部性と資産価格」橘木俊昭・筒井義郎編『日本の資本市場』日本評論社

井堀利宏(1986)『日本の財政赤字構造』東洋経済新報社

大竹文夫・斉藤誠(1996)「人口の高齢化と消費の不平等度」日本経済研究 vol. 33、pp.11—35

小川一夫(1985)「恒常所得仮説と住宅投資」国民経済雑誌　第132巻第2号、pp.61—86

小川一夫(1986)「日本における恒常所得仮説の検証」国民経済雑誌　第152巻第2号、pp.63—85

小川一夫(1990)「ボーナスと耐久消費財購入パターン」国民経済雑誌　第161巻第4号、pp.59—78

小川一夫(1991)「所得リスクと予備的貯蓄」経済研究　Vol. 42、No. 2、pp.139—152

小川一夫・北坂真一(1998)『資産市場と景気変動』日本経済新聞社

小野善康(1991)「ケインズの貨幣経済における不況—動学的最適化アプローチ—」大阪大学経済学　Vol. 40、No. 3・4、pp.422—434

北坂真一(1991)「消費行動における視野の有限性と流動性制約〜所得階層別データによる公債中立性命題の検証」オイコノミカ　第28巻2号、pp.29—40

佐藤和夫(1995)「目標資産仮説と日本の家計貯蓄」日本経済研究　No.30、

参考文献

　　　pp.25―50
篠原三代平(1958)『消費関数』勁草書房
新谷元嗣(1994)「日本の消費者と流動性制約―クレジット情報を用いた検証―」大阪大学経済学　Vol. 44、No. 1、pp.41―56
瀬岡吉彦(1996)「時間と不確実性―非期待効用関数について」経済学雑誌第97巻別冊、pp.8―15
竹中平蔵・小川一夫(1987)『対外不均衡のマクロ分析』東洋経済新報社
橘木俊昭・下野恵子(1994)『個人貯蓄とライフサイクル』日本経済新聞社
谷川寧彦(1994)「消費データを用いた資産価格の実証分析」岡山大学経済学会雑誌　第25巻3号、pp.315-332
根津永二・徐婕(1996)「地域間格差の要因分析」生活経済研究　Vol. 12、pp.121―135
羽森茂之(1996)『消費者行動と日本の資産市場』東洋経済新報社
畠中道雄(1992)『計量経済学の方法』創文社
林文夫(1986)「恒常所得仮説の拡張とその検証」経済分析　第101号、pp.1―23
福田祐一(1993)「日本の利子率の期間構造分析」経済研究　Vol. 44、No. 3、pp.233―242
堀敬一(1996)「日本の資産市場における消費資産価格モデルの再検証」大阪大学経済学　第45巻3・4号、pp. 76-90
間々田孝夫・富永健一(1995)『日本人の貯蓄』日本評論社
溝口敏行(1988)「日本の消費関数分析の展望」経済研究　Vol. 39、No. 3、pp.253―276
蓑谷千凰彦(1996)『計量経済学の理論と応用』日本評論社
村田安雄(1993)「エプスタイン＝ヅィンの異時点効用関数―消費オイラー方程式の拡充とCAPM」経済論集　第43号、pp.15―34
山本拓(1988)『経済の時系列分析』創文社

参考文献

Acemoglu, D. and A. Scott, (1994), "Consumer Confidence and Rational Expectations: Are Agent' Beliefs Consistent with the Theory," The Economic Journal, Vol. 104, pp. 1-19.

Ando, A. and F. Modigliani, (1963), "The "Life Cycle" Hypothesis of Saving: Aggregate Implications and Tests," The American Economic Review, pp. 55-84.

Aschauer, D.A. (1985), "Fiscal Policy and Aggregate Demand," American Economic Review, Vol. 75, pp. 117-127.

Asdrubali, P. and B. E. Sorensen and O. Yosha, (1996), "Channels of Interstate Risk Sharing: United States 1963-1990," The Quarterly Journal of Economics, Vol. 111, pp. 1081-1110.

Attanasio, O.P. (1998), "Consumption Demand", NBER Working Paper No. 6466.

Attanasio, O. and S.J. Davis, (1996), "Relative Wage Movement and the Distribution of Consumption," Joural of Political Economy, Vol. 104, pp. 1227-1262.

Attanasio, O.P. and G. Weber, (1989), "Intertemporal Substitution, Risk Aversion and The Euler Equation for Consumption," Economic Journal, Vol. 99, pp. 59-73.

Bailey, M. J., (1971), *National Income and the Price Level*, New York, McGraw-Hill.

Barro, R.J., (1981), "Output Effects of Government Purchases," Journal of Political Economy, Vol. 89, 1086-1121.

Barsky, R.B., Mankiw, N. and S.P. Zeldes, (1986), "Ricardian Consumers with Keynesian Propensities,". The American Economic Review, Vol. 76, pp. 676-691.

Bayoumi, T. and P.R. Masson, (1995), "Fiscal flows in the United

参考文献

States and Canada: Lessons for monetary union in Europe," European Economic Review, Vol. 39, pp. 253-274.

Beveridge, S. and C. Nelson, (1981), "A New Approach to Decomposition of Economic Time Series into Permanent and Transitory Components with Particular Attention to Measurement of the Business Cycle," Journal of Monetary Economics, Vol. 7, pp. 151-174.

Blanchard, O.J. and S. Fischer, (1989), *Lectures on Macroeconomics*, Cambridge, The MIT Press.

Blundell, R. and I. Preston, (1998), "Consumption Inequality and Income Uncertainty," Quarterly Journal of Economics, Vol. 113, pp. 603-640.

Bollerslev, T and J.M. Wooldridge (1992), "Quasi Maximum Likelihood Estimation and Influence in Dynamic Models with Time Varying Covariances", Econometric Reviews, Vol. 11, pp. 143-172.

Browning, M. and A. Lusardi, (1996), "Household Saving: Micro Theories and Micro Facts," Journal of Economic Literature, Vol. 34, pp. 1797-1855.

Bufman, G. and L. Leiderman, (1990), "Consumption and Asset Returns under non-expected utility," Economics Letters, 34, pp. 231-235.

Bufman, G. and L. Leiderman, (1993), "Currency Substitution under Non-expected Utility: Some Empirical Evidence," Journal of Money Credit and Banking, Vol. 25, No. 3, pp. 320-335.

Caballero, R.J. (1988), "Intertemporal Substitution and Consumption Fluctuation," Columbia Discussion Paper No. 409.

Caballero, R.J. (1990), "Consumption Puzzles and Precautionary savings," Journal of Monetary Economics, Vol. 25, pp. 113-136.

Carroll, C.D. (1992), "The Buffer-Stock Theory of Saving: Some Macroeconomic Evidence," Brooking Papers on Economic Activity, 2, pp. 61-135.

Carroll, C.D. (1997), "Buffer-Stock Saving and the Life Cycle Permanent-Income Hypothesis," Quarterly Journal of Economics, Vol. 112, pp. 1-56.

Campbell, J.Y. (1987), "Does Saving Anticipate Declining Labor Income? An Alternative Test of the Permanent Income Hypothesis," Econometrica, Vol. 55, pp. 1249-1273.

Campbell, J.Y. and N.G. Mankiw, (1989), "Consumption, Income, and Interest Rates: Reinterpreting the Time Series Evidence," in Blanchard. O and Fischer. S ed., NBER Macroeconomics Annual 1989, pp. 185-216.

Campbell, J.Y. and N.G. Mankiw, (1990), "Permanent Income, Current Income and Consumption," Journal of Business and Economic Statistics, Vol. 8, pp. 265-279.

Campbell, J.Y. and N.G. Mankiw (1991), "The Response of Consumption to Income: A Cross-Country Investigation," European Economic Review, Vol. 35, pp. 723-767.

Campbell, J.Y. (1993), "Intertemporal Asset Pricing without Consumption Data," The American Economic Review, Vol. 83, pp. 487-512.

Cochrane, J.H. (1988), "How Big Is the Random Walk in GNP?", Journal of Political Economy, Vol. 96, pp. 893-920.

Cochrane, J.H. (1991) "A Simple Test of Consumption Insurance,"

参考文献

Journal of Political Economy, Vol. 99, pp. 957-976.

Davidson, R. and J.G. Mackinnon, (1993), *Estimation and Inference in econometrics*, Oxford Press.

Darby, J. and J. Malley, (1996), "Fiscal Policy and Aggregate Consumption: New Evidence from the United States," Scottish Journal of Political Economy, Vol. 43, pp. 129-145.

Deaton, A. (1987), "Life Cycle Model of Consumption Is the Evidence Consistent with the Theory?", Advances in Econometrics-Fifth World Congress, Vol. 2, Bewley, T. (eds.), Cambridge University Press.

Deaton, A. (1992) *Understanding Consumption*, Oxford Press.

Deaton, A. (1997) *The Analysis of Household Surveys: A Microeconometric Approach to Development Policy*, The Johns Hopkins University Press.

Deaton, A. and C. Paxson, (1994), "Intertemporal choice and Inequality, Journal of Political Economy," Vol. 102, No. 3, pp. 437-467.

Dynan, K.E. (1993) "How Prudent are Consumers?", Journal of Political Economy, Vol. 101, pp. 893-920.

Efron, B. (1979) "Bootstrap methods: Another look at the Jackknife", Annual Statistics, Vo. 7, pp. 1-26.

Efron, B. and R.J. Tibshirani, (1993), *An Introduction to the bootstrap*, Chapman and Hall.

Enders, W. (1995), *Applied Econometric Time Series*, John Wiley and Sons.

Engle, R.F., Lilien, D. M. And R.P. Robins, (1987), "Estimating Time Varying Risk Premia in the Term Structure: the ARCH-M

Model," Econometrica, Vol. 55, pp. 391-407.

Epstein, L.G. and S.E. Zin, (1989), "Substitution, Risk Aversion, and the Temporal Behavior of Consumption and Asset Returns: A Theoretical Framework," Econometrica, Vol. 57, pp. 937-969.

Epstein, L.G. and S.E. Zin, (1991), "Substitution, Risk Aversion, and the Temporal Behavior of Consumption and Asset Returns: An Empirical Analysis," Journal of Political Economy, Vol. 99, pp. 263-286.

Ermini, L. (1989), "Some New Evidences on The Timing of Consumption Decisions and on their Generating Process," The Review of Economics and Statistics, Vol. 71, pp. 643-650.

Famer, R.E.A. (1990), "Rince Preferences," Quarterly Journal of Economics, Vol. 105, pp. 43-60.

Fisher, I. (1930), *The Theory of Interest*. Philadelphia.

Flacco, P.R. and R.E. Parer, (1992), "A Comparison of Two Methods for Estimating Income Uncertainty with an Application to Aggregate Consumption Behavior," Applied Economics, Vol. 24, pp. 701-707.

Flavin, M.A. (1981), "The Adjustment of Consumption to Changing Expectations about Future Income," Journal of Political Economy, Vol. 89, pp. 974-1009.

Flavin, M.A. (1991), "The Excess Smoothness of Consumption: Identification and Interpretation," Review of Economic Studies, Vol. 60, pp. 651-666.

Friedman, M. (1957), *A Theory of Consumption Function* Princeton University Press(宮川公男・今川賢一訳『消費の経済理論』厳松堂 1961).

参考文献

Fukushige, M. (1989), "A New Approach to the Economic Inequality Based upon the Permanent Income Hypothesis," Economics Letters, Vol. 29, pp. 183-187.

Fuller, W.A. (1976), *Introduction to Statistical Time Series*, John Wiley and Sons.

Godfrey, L.G. (1988), *Misspecification tests in econometrics The Lagrange Multiplier Principle and Other Approaches*, Cambridge University Press.

Gylfason, T. (1993), "Optimal Saving and Endogenous Growth," Scandinavian Journal of Economics, Vol. 95, pp. 517-533.

Hahm, J.H. and D.G. Steigerwald, (1999), "Consumption Adjustment under Time Varying Income Uncertainty," Review of Economics and statistics, Vol. 81, pp. 32-40.

Hall, R.E. (1978), "Stochastic Implications of the Life Cycle-Permanent Income Hypothesis," Journal of Political Economy, Vol. 86, pp. 971-987.

Hall, R.E. (1985), "Real Interest and Consumption," NBER Working Paper, No. 1694.

Hall, R.E. (1988), "Intertemporal Substitution in Consumption," Journal of Political Economy, Vol. 96, pp. 339-357.

Hall, R.E. (1989), "Consumption," in Barro, R.J. (ed), Modern Business Cycle Theory, Blackwell.

Hall, R.E. and Mishkin, (1982), "The sensitivity of Consumption to Transitory Income: Estimate from Panel Data on Household," Econometrica, Vol. 50, pp. 461-481.

Hansen, L.P. and K.J. Singleton, (1983), "Stochastic Consumption, Risk aversion, and the Temporal Behavior of Asset Returns,"

Journal of Political Economy, Vol. 91, pp. 249-265.

Hansen, L.P. and K.J. Singleton, (1996), "Efficient Estimation of Linear Asset-Pricing Models with Moving Average Errors," Journal of Business and Economic Statistics, Vol. 14, pp. 53-68.

Hamori, S. (1994), "The Non-Expected Utility Model and Asset Returns: Some Evidence from Japan," Japanese Journal of Financial Economics Vol. 1, pp. 89-99.

Haug, A.A. (1991), "The Random Walk Hypothesis of Consumption and Time Aggregation," Journal of Macroeconomics, Vol. 13, pp. 691-700.

Hayashi, F. (1982), "The Permanent Income Hypothesis: Estimation and Testing by Instrumental Variables," Journal of Political Economy, Vol. 90, pp. 895-916.

Hayashi, F. (1985), "The Permanent Income Hypothesis and Consumption Durability: Analysis Based on Japanese Panel Data," Quarterly Journal of Economics, Vol. 100, pp. 1083-1113.

Hayashi, F. and C.A. Sims, (1983), "Nearly Efficient Estimation of Time Series Models with Predetermined, but Not Exogenous, Instruments," Econometrica, Vol. 51, pp. 782-798.

Hagen, E.E. and N. Kirkpatrick, (1947), "Forecasting Gross National Product and Employment during the Transition Period: An Example of the Nation's Budget Method," Studies in Income and Wealth, Vol. 10.

Horioka, C.Y. (1996), "Capital gain in Japan: Their Magnitude and Impact on Consumption," The Economic Journal, Vol. 106, pp. 560-577.

Johnsen, T.H. and J.B. Donaldson, (1985), "The Structure of Inter-

参考文献

temporal Preferences under Uncertainty and Time Consistent Plans," Econometrica, Vol. 53, pp. 1451-1458.

Karras, G. (1994), "Government Spending and Private Consumption: Some Intertemporal Evidence," Journal of Money, Credit, and Banking, Vol. 26, pp. 9-22.

Keynes, J.M. (1936), *The General Theory of Employment Interest and Money*, Macmillan(塩野谷祐一訳『雇用．利子および貨幣の一般理論』東洋経済新報社　1983).

Keynes, J.M. (1938), *The Economic Consequences of the Peace*, Harvard Press.

Kimball, M.S. (1990), "Precautionary Saving in the Small and the Large," Econometrica, Vol. 58, pp. 53-73.

Kreps, D.M. and E.L. Porteus, (1978), "Temporal Resolution of Uncertainty and Dynamic Choice Theory," Vol. 46, pp. 185-200.

Kurz, M. (1968), "Optimal Economic Growth and Wealth Effects," International Economic Review, Vol. 9, No. 3, pp. 348-357.

Laibson, D. (1998), "Life-cycle consumption and hyperbolic discount functions," European Economic Review, Vol. 42, pp. 861-871.

Leland, H.E. (1968), "Saving and Uncertainty: The Precautionary Demand for Saving," Quarterly Journal of Economics, Vol. 82, pp. 465-473.

Mace, B.J. (1991), "Full Insurance in the Presence of Aggregate Uncertainty," Journal of Political Economy, Vol. 99, No. 5, pp. 928-956.

Macurdy, T.E. (1983), "A Simple Scheme for Estimating an Intertemporal Model of Labor Supply and Consumption in The Presence of Taxes and Uncertainty," International Economic Review,

Vol. 24, No. 2, pp. 265-289.

Mankiw, N.G. (1981), "The Permanent Income Hypothesis and The Real Interest Rate," Economics Letters, 7, pp. 307-311.

Mankiw, N.G. (1982), "Hall's Consumption Hypothesis and Durable Goods," Journal of Monetary Economics, Vol. 10, pp. 417-425.

Mankiw, N.G. (1985), "Consumer Durables and The Real Interest Rate," The Review of Economics and Statistics, Vol. 67, pp. 353-362.

Mankiw, N.G., Rotemberg, J.J. and L.H. Summers, (1985), "Intertemporal Substitution in Macroeconomics," Quarterly Journal of Economics, Vol. 100, pp. 225-250.

Mankiw, N.G. and M.D. Shapiro, (1985), "Trends, random walk and Test of the Permanent Income Hypothesis," Journal of Monetary Economics, Vol. 16, pp. 165-174.

Miron, J.A. (1986), "Seasonal Fluctuations and the Life Cycle-Permanent Income Models of Consumption," Journal of Political Economy, Vol. 94, pp. 1258-1279.

Modigliani, F. and R. Brumberg, (1954), "Utility Analysis and the Consumption Function: An Interpretation of Cross-Section Data," POST KEYNESIAN ECONOMICS, Kurihara, K.K. (eds.), George Allen and Unwin Ltd.

Mooney, C.Z. and R.D. Duval, (1993), *Bootstrapping: A Nonparametric Approach to Statistical Inference*. Sage University Paper Series on Quantative Applications in the Social Scienccce, 07-095. Newbury Park, CA: Sage.

Newey, W. and K.D. West, (1987), "A Simple, Positive Definite, Heteroskedasticity and Autocorrelation Consistent Matrix,"

参考文献

Econometrica, Vol. 55, pp. 703-708.

Ni, S. (1995), "An Empirical Analysis on the Substitutability between private Consumption and Government Purchases," Journal of Monetary Economics, Vol. 36, pp. 593-605.

Ogaki, M. and C.M. Reinhart, (1998), "Measuring Intertemporal Substitution: The Role of Durable Goods," Journal of Political Economics, Vol. 106, pp. 1078-1098.

Ono, Y. (1994), *Money Interest and Stagnation*: Dynamic Theory and Keynes's Economics, Oxford University Press, Oxford

Patterson, K.D. and B. Pesaran, (1992), "The Intertemporal Elasticity of Substitution in Consumption in the United States and the United Kingdom," The Review of Economics and Statistics, Vol. 74, pp. 573-584.

Persson, T. and G. Tabellini (1996) "Federal Fiscal Constitutions: Risk Sharing and Redistribution," Journal of Political Economy, Vol. 104, No. 5, pp. 979-1009.

Phillips, P.C.B. and P. Perron, (1988), "Testing for a Unit Root in Time Series Regression," Biometrica, Vol. 75, pp. 335-346.

Romer, D. (1996), *Advanced Macroeconomics*, McGraw-Hill

Rothchild, M. and J.E. Stiglitz, (1971) "Increasing Risk II: Its Economic Consequences," Journal of Economic Theory, no. 3, pp. 66-84.

Sargent, T.J. (1987), *Dynamic Macroeconomic Theory*, Harvard University Press

Shapiro, M.D. (1984), "The Permanent Income Hypothesis and The Real Interest Rate—Some Evidence From Panel Data," Economics Letters, 14, pp. 93-100.

Selden, L. (1978), "A New Representation of Preferences over 'Certain×Uncertain' Consumption Pairs: The 'Ordinal Certainty Equivalent' Hypothesis," Econometrica 46, pp. 1045-1060.

Selden, L. (1979), "An OCE Analysis of the Effect of Uncertainty on Saving under Risk Preference Independence," Review of Economic Studies, Vol. 46, pp. 73-82.

Shintani, M. (1994), "Cointegration and Test of the Permanent Income Hypothesis: Japanese Evidence with International Comparisons," Journal of the Japanese and International Economics, Vol. 8, pp. 144-72.

Shintani, M. (1996), "Excess Smoothness of Consumption in Japan," Japanese Economic Review, Vol. 47, pp. 271-285.

Sidrauski, M. (1967), "Rational Choice and Patterns of Growth in a Monetary Economy," American Economic Review, Vol. 57, pp. 534-544.

Speight, A.E.H. (1990), *Consumption, Rational Expectations and Liquidity Theory and Evidence*, Harvester Wheatsheaf.

Steedman, I. (1989), *From Exploitation to altruism*, Cambridge: Polity Press

Strotz, R.H. (1956), "Myopia and Inconsistency in Dynamic Utility Maximization," Review of Economic Studies, Vol. 23, pp. 165-180.

Townsend, R.M., (1987), "Arrow-Debreu Programs as Microfoundations of Macroeconomics," In Advanced in Economic Theory: Fifth World Congress, vol. 2, edited B., Truman, NY, Cambridge University Press.

Townsend, R.M. (1995) "Consumption Insurance: An Evaluation of Risk-

参考文献

Bearing Systems in Low-Income Economies," Journal of Economic Perspectives, Vol. 9, No. 3, pp. 83-102.

Vinod, H.D. (1993) "Bootstrap Methods: Applications in Economics," Handbook of Statisitics, Vol. 11, pp. 629-661.

Watanabe, W. and C.Y. Horioka, (1997), "Why Do People Save? A Micro-Analysis of Motives for Household Saving in Japan," Economic Journal, Vol. 107, pp. 537-552.

Watson, M. (1986) "Univariate Detrending Methods with Stochastic Trends," Journal of Monetary Economics Vol. 18, pp. 49-75.

Weil, P. (1989), "The Equity Premium Puzzle and The Risk-Free Rate Puzzle," Journal of Monetary Economics, Vol. 24, pp. 401-421.

Weil, P. (1990), "Nonexpected Utility in Macroeconomics," Quarterly Journal of Economics, Vol. 105, pp. 29-42.

Weller, P. (1978), "Consistent Intertemporal Decisionmaking under Uncertainty," Review of Economic Studies, Vol. 45, pp. 263-266.

Willemain, T.R. (1994), "Bootstrap on a Shoestring: Resampling Using Spreadsheets," The American Statistician, Vol. 48, No. 1, pp. 40-42.

Working, H. (1960), "Note on The Correlation of First Differences of Averages in a Random Chain," Econometrica, Vol. 28, pp. 916-918.

Zeldes, S.P. (1989), "Optimal Consumption with Stochastic Income: Deviations from Certainty Equivalence," Quarterly Journal of Economics, Vol. 104,. pp. 257-298.

Zoega, G. (1997), "Public Consumption and Unemployment," Scottish Journal of Political Economy, Vol. 44, pp. 269-279.

Zou, H. (1995), "The spirit of capitalism and savings behavior," Journal of Economic Behavior and Organization, Vol. 28, pp. 131-143.

事項索引

あ 行

異時点間の代替の弾力性
　………………3, 43-61, 68, 76, 84, 85
一時消費………………………………6, 11
一時所得………………………………6, 11
excess sensitivity
　………………2, 26, 30, 32, 41, 43, 71
excess smoothness …2, 26, 32, 41, 43, 71
OCE ………………………44, 48-50, 55, 62

か 行

加法分離性 …………………26, 50, 117
期待効用仮説…3, 32, 44, 47, 48, 55, 62, 63
共和分検定 ………………2, 26, 33, 34, 41
近視眼的 ……………………………115
系列相関………………………18, 36-40
合理的期待 ……1, 2, 23, 25-27, 29, 34, 43
効用関数
　相対的リスク回避度一定型―(CRRA)
　……………………………3, 44, 68, 94
　絶対的リスク回避度一定型―(CARA)
　……………………………88, 100, 118
恒常消費…………………11, 12, 15, 19, 21
恒常所得 …………10-12, 14-20, 27, 28
恒常所得仮説
　…5, 9, 10, 12, 15, 18, 23, 25, 30-33, 36,
40, 43, 87, 109, 115
consumption insurance
　…………………87-90, 94, 95, 97, 103

さ 行

時間集計バイアス …………30, 36, 37, 53

時間的整合性 …………………………62, 63
時間割引率 ……………6, 26, 45, 75, 77
資産保有 ………………………4, 109-112, 114
消費の耐久性 ……………………………36, 39
所得保険 ……………………4, 98, 99, 106
慎重係数
　絶対的慎重係数………………72, 74, 79
　相対的慎重係数………………72, 75, 79
政府支出の安定化機能………………………98
saving for a raining day ……………34
絶対所得仮説 ………………………6, 9, 10
選好ショック …36, 38, 39, 88, 89, 99, 101
測定誤差 ……………24, 30, 36, 38, 89, 102

た 行

耐久消費財の資産価値 ………………116
対数正規分布 ……………45, 51, 68, 75, 83
直交性の検定 ……………………26, 29, 31
Deaton Paradox …………………………32
適応的期待 ………………2, 16, 18, 25, 27

な 行

Non-expected utility ………44, 47, 69

は 行

不平等度………………………4, 94, 95, 97
Bootstrap ……………96, 97, 106, 107
変動所得 ……………11, 12, 15, 20, 22, 23
変動消費………………11, 12, 15, 20-23

ま 行

マーケットポートフォリオ
　………………………………56, 57, 60, 61

事項索引

マーティンゲール仮説
　…………………1,2,23,25-30,32,43,44

や　行

有効加重期間 …………………………17,19
予備的貯蓄………3,15,32,71-74,76-79,85
予備的プレミアム…………………………73

ら　行

リース市場 ………………………123,124

リスクシェアリング ………89,90,96-98
ランダムウォーク仮説……………………27
リスク・プレミアム …………………73,79
流動性制約
　…27,32,40,41,46,48,95,119,120,122
rule of thsum ……………………………32

〈著者紹介〉

林　由子（はやし・よしこ）

1969年生まれ
大阪市立大学経済学研究科博士後期課程単位取得退学
現　在　大阪経済大学専任講師

家計消費の実証分析
―――――――――――――――――――――――――――
2000年(平成12年)1月20日　　第1版第1刷発行

　著　者　　林　　　由　子
　発行者　　今　井　　　貴
　発行所　　信山社出版株式会社
　　　　　　〒113-0033 東京都文京区本郷6-2-9-102
　　　　　　　　　電　話 03 (3818) 1019
　　　　　　　　　ＦＡＸ 03 (3818) 0344
　　　　　　　　　　　　　　Printed in Japan
―――――――――――――――――――――――――――
Ⓒ林 由子，2000. 印刷・製本／勝美印刷・大三製本
ISBN4-7972-1616-6 C3333
1616-012-030-030
NDC330.001経済

―― 信 山 社 ――

張　紀南 著
戦後日本の産業発展構造　　5,000円

李　春利 著
現代中国の自動車産業　　5,000円

坂本秀夫 著
現代日本の中小商業問題　　3,429円

坂本秀夫 著
現代マーケティング概論　　3,495円

寺岡　寛 著
アメリカ中小企業論　　2,718円

寺岡　寛 著
アメリカ中小企業政策　　4,660円

山崎　怜 著
〈安価な政府〉の基本構造　　4,500円

R. ヒュディック 著　小森光夫他 訳
ガットと途上国　　3,500円

大野正道 著
企業承継法の研究　　15,534円

菅原菊志 著
企業法発展論　　19,417円

多田道太郎・武者小路公秀・赤木須留喜 著
共同研究の知恵　　1,500円

吉川惠章 著
金属資源を世界に求めて　　2,300円

吉尾匡三 著
金融論　　5,806円

中村静治 著
経済学者の任務　　3,398円

中村静治 著
現代の技術革新　　8,252円

千葉芳雄 著
交通要論　　2,000円

佐藤　忍 著
国際労働力移動研究序説　　2,990円

宮川知法 著
債務者更正法構想・総論　　14,563円

宮川知法 著
消費者更生の法理論　　6,800円

宮川知法 著
破産法論集　　10,000円

野村秀敏 著
破産と会計　　8,600円

小石原尉郎 著
障害差別禁止の法理論　　9,709円

辻　唯之 著
戦後香川の農業と漁業　　4,500円

山口博幸 著
戦略的人間資源管理の組織論的
　研究　　6,000円

西村将晃 著
即答工学簿記　　3,864円

西村将晃 著
即答簿記会計（上・下）　　9,650円

K. マルクス 著　牧野紀之 訳
対訳・初版資本論第1章及び附録
　　6,000円

牧瀬義博 著
通貨の法律原理　　48,000円

山岡茂樹 著
ディーゼル技術史の曲がりかど
　　3,592円

李　圭洙 著
近代朝鮮における植民地地主制と
　農民運動　　12,000円

李　圭洙 著
米ソの朝鮮占領政策と南北分断
　体制の形成過程　　12,000円

小島和司 著
日本財政制度の比較法史的研究
　　12,000円